Four Mirrors reflecting Your Dream

꿈을 비추는 네 개의 거울

조대현 신종훈 박성식 지음

KB212721

■ 저자약력

조대현

독일 뷔르츠부륵음악대학교(Hochschule für Musik Würzburg) 철학박사(음악교육학, 교육심리학, 음악학)
백석예술대학교 유아교육과 교수 역임
현) 경상대학교 음악교육과 교수

저 서 2009 개정 교육과정에 따른 고등학교 교과서 '음악과 생활', '음악과 진로'(음악과생활, 2014)
　　　　문화예술교육개론(레인보우북스, 2017)
　　　　음악교수학습방법(학지사, 2017)
　　　　2015 개정 교육과정에 따른 중, 고등학교 교과서 '음악'(다락원, 2018)
논 문 2015 개정 음악과 교육과정 시안에 대한 분석 연구: 음악과 공통교육과정 시안을 중심으로(예술교육연구, 2016)
　　　　음악 중심 융합교육을 위한 교수학습 모델 개발(음악교육공학, 2017)

신종훈

독일 마부르크 대학(Philipps-Universität Marburg) 역사학과 박사
서울대학교 서양사학과 초빙교수 역임
현) 경상대학교 사학과 교수

번역서 나치즘, 열광과 도취의 심리학 (책세상, 2009)
　　　　바이마르. 미완성의 민주주의 (다해, 2015)
논 문 유럽정체성과 동아시아공동체 담론 (역사학보, 2014)
　　　　브렉시트와 유럽통합 - EEC 창설기부터 브렉시트까지 (통합유럽연구, 2017)

박성식

홍익대학교 대학원 미술학 박사
한국조형예술학회, 한국기초조형학회, 교육연구회,
한국신묵회, 일레븐회 회원
현우조형예술연구소 소장
현) 경상대학교 미술교육과 교수

저 서 여정이 있는 그림(주영출판사)
　　　　드로잉 스토밍(아트앤디자인)
　　　　2015 개정 교육과정에 따른 중학교 교과서 '미술'(다락원, 2018)
논 문 遠의 해석을 통한 意境 표현 연구(弘益大學校博士)
　　　　朝鮮後期 紀行山水畵 연구(弘益大學校碩士)
　　　　遠을 통한 그림 속 意境 표현 연구(조형예술연구소)

머리말

- ✔ '꿈을 비추는 네 개의 거울'은 학습 및 발달심리학적 관점에서 진행되는 자기탐색과 자기발견의 과정을 통해 학습자 스스로가 도출하는 창의적인 자기이해의 결과물을 목표합니다.

- ✔ 이는 학습자의 융·복합적 사고의 형성과 효율적이고 전략적인 자기관리 및 목표 실행 능력의 함양을 의미하며, 저자들은 이를 위해서 다양한 관점의 환경, 즉 서로 다른 종류의 관점을 거울에 비유하여 제시하고자 합니다.

- ✔ 첫 번째 거울인 '거울 속의 나'는 '미래의 나'를 설계하기에 앞서 현재의 '나'를 찾는데 목적이 있습니다.

- ✔ 두 번째 거울은 '타자(他者)의 거울'이며, 이는 꿈·미래·개척이라는 삶의 계획을 수립하는데 있어 도움이 될 수 있는 역사적 인물들을 찾아보고 그들의 삶에 현재 '나'의 모습을 투영시켜보는데 목적이 있습니다.

- ✔ 세 번째 '우리의 거울'에서는 '우리'라는 관점에서 살펴보게 되는 고유한 것의 중요성과 함께 이와는 다른 주변 환경과의 조화로움을 이해함으로써 자신에게 주어진 사회적 역할을 발전시키는 과정을 동료들과의 소통 속에서 경험하게 합니다.

- ✔ 마지막으로 '내(우리)가 만드는 미래의 거울'은 꿈과 미래를 설계하는데 있어 효율적인 공학적 기법을 적용하여, 나와 주변 환경과의 상관관계를 전략적으로 분석하고, 이를 통해 개인별 'Life Road Map'을 작성, 자기 마케팅 등을 통해 관리하는 방법을 경험하게 됩니다.

- ✔ 저자 세 명은 이러한 과정들이 학습자 개개인으로 하여금 현재의 '나'를 발견하고, '미래의 나'를 계획하며, 나아가 이를 실현하는데 의미 있게 작용하기를 기대하며 이 책을 여러분 앞에 소개합니다.

2018년 2월, 아직은 차갑지만 따뜻한 봄이 기대되는 어느 날
경상대 교정에서

조대현, 신종훈, 박성식

CONTENTS

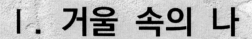

꿈을 비추는
네 개의 거울

I. 거울 속의 나

꿈을 비추는
네 개의 거울

'나'를 발견하기 위한 첫 번째 거울인 '거울 속의 나'는 '미래의 나'를 설계하기에 앞서 현재의 '나'를 찾기 위한 매우 중요한 도구이다.

이때 현재 나의 모습을 발견하기 위한 '과거로의 여행'이 제시되고, 여기에서 발견된 나의 모습을 기초로 자신만의 '꿈의 모양과 색'을 찾아가는 과정 중심 문제해결활동으로 진행된다.

이 모든 과정은 학습 및 발달심리학적 관점에서 설계되었으며, 또한 다양한 체험적 활동과 실제적 예를 동반한 이론적 이해 속에서 이루어진다.

결과적으로는 주위 환경과 능동적으로 작용하는 효율적인 자기탐색과 자기발견의 결과물로써, 주관적인 행위적 의지를 형성하고자 하는 단계적 목표를 추구한다.

1

거울에 비친 '나의 모습'

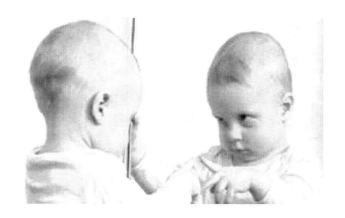

나는 누구인가?

나는 누구인가

Dietrich Bonhoeffer(1906-1945)

나는 도대체 누구인가?
태연하게, 명랑하게, 확고하게,
영주가 자기 성에서 나오는 것처럼,
감방에서 내가 나온다고 사람들은 자주 내게 말하지만,

나는 도대체 누구인가?
자유롭게, 다정하게, 맑게,
마치 내가 명령하는 것처럼,
간수들과 대화한다고 사람들은 자주 내게 말한다.

나는 도대체 누구인가?
침착하게, 미소하며,
자랑스럽게 승리에 익숙한 자와 같이,
불행한 나날을 내가 참고 있다고 사람들은 내게 말하기도 한다.

나는 정말 사람들이 말하는 것과 같은 자일까?
그렇지 않으면 다만 나 자신이 알고 있는 자에 지나지 않는 것일까?
새장 속의 새와 같이 불안하게, 그리워하다 병들었고,
목을 졸렸을 때와 같이 숨을 쉬려고 몸부림치고,
색채와 꽃과 새소리를 갈구하고,
상냥한 말과 인간적인 친밀함을 그리워하고,
횡포와 사소한 모욕에도 분노에 몸이 떨리고,
위대한 것을 기다리다 낙담하고,
저 멀리 있는 친구를 그리워하다 낙심하고,
기도하고, 생각하고, 창작하는데 지쳐서 허탈에 빠지고,
의기소침하여 모든 것에 이별을 고하려고 한다.

나는 도대체 누구인가? 전자인가? 후자인가?
오늘은 이런 인간이고, 내일은 다른 인간일까?
양자가 동시에 나일까?
사람들 앞에서는 위선자이고,
자기 자신 앞에서는 경멸할 수밖에 없는 불쌍한 약한 자일까?
혹은 아직 내 속에 있는 것은
이미 승패가 난 싸움에서
흩어져 퇴각하는 패잔병과 같은 것일까?

나는 도대체 누구인가?
이 고독한 물음이 나를 비웃는다.
내가 누구이건,
아! 신이시여 당신은 나를 아십니다.
나는 당신의 것입니다.

나는 '나'에 대해서 얼마나 알고 있는가?

흔히 사람들은 현대 사회에서의 소통을 위해 남을 이해하고 배려하며 존중하는 자세가 필요하다고 말한다. 그러나 간혹 타인에 대한 배려를 우선하다가 '나'를 놓치는 경우가 있다. 보다 독창적인 사람이 되고자 한다면, 그리고 그 독창적인 모습이 본인의 '나'다운 모습에서 기인한다는 것을 알고 있다면, 타인에 대한 배려 이전에 먼저 '나'에 대한 충분한 관찰과 이해를 위해 노력해야 한다.

  지금부터 내가 기억할 수 있는 가장 먼 과거로의 여행을 떠나 보자.
   그리고 기억하는 당시의 사건이 무엇인지,
   장소는 어디인지, 누구와 함께 했고,
   그래서 나에게 어떠한 기억으로 남아 있는지에 대해 생각해 보자.

  그리고 이러한 나의 기억을 특별한 형식에 얽매임 없이
   자유롭게 글로 쓰거나, 녹음 등의 방법으로 정리해 보자.
   이는 하루 이틀의 시간으로 할 수 있는 작업이 아니다.
   충분한 시간을 갖고 새로운 일들이 기억날 때마다 나만의 방법으로
   기록해 보자.

디트리히 본회퍼는 … !
독일 루터교회 목사이자, 신학자이며, 반 나치운동가이다. 튀빙겐 대학교와 베를린대학교에서 신학을 전공한 그는 독일 라디오 방송을 통해 히틀러의 우상화에 대해 경고하는 등 반 나치 운동을 하게 된다. 결국 나치의 미움을 산 그는 1943년 4월 체포되었고 2년 뒤인 1945년 4월 9일 새벽, 플로센뷔르크 수용소에서 교수형을 당하였다.

나에 대한 객관적(수직적) 정보

◆ 인물 정보

사진	대학생
	✔ 출생 & 장소 :
	✔ 학　　력 :
	✔ 경　　력 :
	✔ 기　　타 :

출생 **년　월　일**	‧

영유아기 (　~　)	‧

초등학생 시기 (　~　)	‧

중고등학생 시기 (　~　)	‧

대학생 시기 (　~　)	‧

■■■◆ 나는 ...

'나는 누구인가?'에 대한 사고의 결과물은 여기에 붙여서 정리하세요!

나를 일깨워주는 추억의 사진들!

왜~ 이런일이?

한때 우리나라는 '사고 공화국'이라는 오명을 얻은 적이 있다. 이는 잦은 사고에 기인하기도 하나 그 사고의 영향이 모든 국민에게 큰 불안감을 끼치는 충격적인 것이었기 때문이기도 하다. 도대체 왜 이런 사건들이 발생했을까?

이에 대한 답변이 우리가 이야기하고자 하는 '우리의 꿈'과 어떤 관계를 갖고 있는 지에 대해 생각해 보자.

| 1994년
성수대교
붕괴 | 1995년
삼풍
백화점
붕괴 | 2003년
대구
지하철
참사 | 2013년
태안
안면도
해병대
캠프 사고 | 2014년
마우나
리조트
붕괴사고 | 2014년
세월호
침몰 |

✆ OO 은/는 왜 무너졌을까?
　　OO의 역할은 무엇인가?
　　OO이 OO(으)로써의 역할을 다 하기 위해서는 무엇이 전제되어야 하는가?

✆ 다음은 우리가 찾고자 하는 개념에 대한 사전적 정의를 나열한 것이다.
　　위에서 묻고 있는 사고의 결과를 각 개념에 대한 정의를 통해 유추해 보자.

다리² ★★★
[명사]
1. 물을 건너거나 또는 한편의 높은 곳에서 다른 편의 높은 곳으로 건너다닐 수 있도록 만든 시설물.
2. 둘 사이의 관계를 이어 주는 사람이나 사물을 비유적으로 이르는 말.
3. 중간에 거쳐야 할 단계나 과정.
[유의어] 가교², 교량², 매개³

건물³ (建物) [건 : 물] ◀ ★★★
[명사] 사람이 들어 살거나, 일을 하거나, 물건을 넣어 두기 위하여 지은 집을 통틀어 이르는 말.
[유의어] 건조물, 건축물, 구조물

지하철 (地下鐵) ◀ ★★★
[명사] 〈교통〉
1. **지하** 궤도 위를 달리는 전동차.
2. 대도시에서 교통의 혼잡을 완화하고, 빠른 속도로 운행하기 위하여 땅속에 터널을 파고 ...

교사⁹ (敎師) [교 : 사] ◀ ★
[명사]
1. 주로 초등학교 · 중학교 · 고등학교 따위에서, 일정한 자격을 가지고 학생을 가르치는 사람.
2. 〈불교〉 태고종에서, 교리를 연구하는 승려의 법계(法階) 가운데 하나. 대**교사**(大敎師)와 대덕(大德) 사이이다.
[유의어] 교직자, 교수⁶, 훈장²

교육하다 (敎育--) [교 : 유카다] ◀
[동사] 지식과 기술 따위를 가르치며 인격을 길러 주다.
[유의어] 강의하다², 지도하다, 키우다

선장⁶ (船長) [선장] ◀ ★
[명사] 배의 항해와 배 안의 모든 사무를 책임지고 선원들을 통솔하는 최고 책임자.
[유의어] 선고장¹, 선장⁷

💡 위의 내용에서 발견되는 공통된 Keyword는 무엇이고, 이것이 담보되기 위한
　　조건은 무엇인가? 그리고 이 조건들이 중요한 이유는 무엇이고 사회적으로 갖는
　　의미는 무엇인가? 자신의 '꿈'과 관련하여 이야기해 보자.

꿈이란?

'나를 완성하는 기준이자 목표'이다. 꿈은 내가 원하는, 그래서 가장 관심이 있고 가장 행복할 수 있는 의미 있는 대상이다. 그래서 꿈은 현재 나의 능력과는 다른 것일 수 있다. 즉 아직은 익숙하지 않은, 그래서 잘 하지 못하는 것일 수도 있다. 또 사회적으로 충분한 보상을 받기 어려운 것일 수도 있다. 그러나 꿈을 꾼다는 것은 이러한 어려움을 모두 극복하게 해준다. 왜냐하면, 그것이 나에게 의미 있는 일이고, 이를 통해 '나'를 발견하게 되고, 나에 의해 만들어지는 '나, 자신'과 같은 존재이기 때문이다.

나로부터 시작된 꿈은 내가 속해 있는 공동체로부터 큰 영향을 받게 된다. 즉 꿈의 의미와 가치가 나에 의해서뿐만 아니라 일부 사회적 환경에 의해서도 결정되는 것이다. 이러한 과정은 역으로 나의 꿈이 공동체에 미칠 수 있는 영향력을 의미하기도 한다. 뿐만 아니라 공동체에서의 나의 역할, 그리고 이로 인해 받게 되는 공동체적 관점에서의 송환효과, 결과적으로는 나에 대한 자아 존중감으로 발전하게 된다.

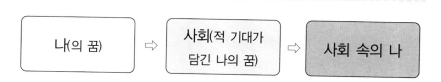

흔히 사람들은 이러한 과정을 통해 얻게 된 결과물을 '정체성(Identity)'으로 표현한다. 정체성은 누군가에 의해 결정되는 것이 아니고, 나에 의해 끊임없이 발견되고, 찾고자 시도되며, 더 나아지고자 삶 내내 노력되어지는 것이다. 따라서 우리가 발견한 정체성은 우리의 노력과 시간, 그리고 삶이 담겨 있는 매우 의미 있는 것이다. 혹 이를 우리의 꿈과 연계하여 생각한다면, 그리고 이를 더 현실적인 직업과 결부시킨다면, 우리 미래의 직업은 우리의 꿈이 담긴, 그리고 우리의 끊임없는 노력을 통해 얻게 된 천직이 될 것이다. 이것이 바로 '소명(Berufung)'이다.

소명을 발견하는 과정은 '본질'에 대한 사전적 정의를 도해화한 아래의 그림을 통해 잘 드러난다.

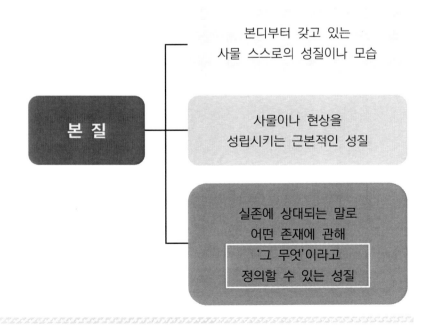

본디부터 갖고 있는
사물 스스로의 성질이나 모습

본 질

사물이나 현상을
성립시키는 근본적인 성질

실존에 상대되는 말로
어떤 존재에 관해
'그 무엇'이라고
정의할 수 있는 성질

나의 꿈을 찾으려면?

◌ 꿈의 발견은 '나'와 '세상'에 대한 이해에서부터 시작된다.

◌ 로저스(C. Rogers, 1951)는 '자신'에 대한 탐색과 이해가 신념 어린 행동으로 발전한다고 주장한다. 즉 '나의 꿈'을 찾기 위해서는 '나에 대한 이해'와 '나'를 바라보기 위한 '세상에 대한 이해'가 선행되어야 하는 것이다.

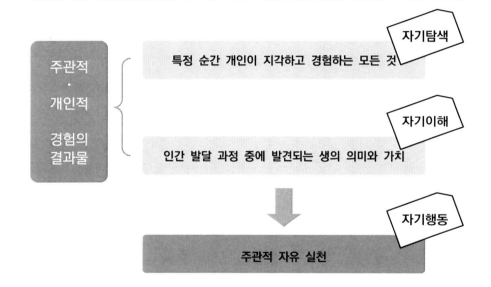

거울에 비친 멋진 나의 모습

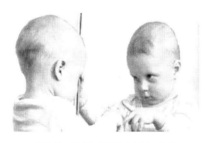

거울에 비친 정치인으로써의 나의 모습

이해는 직접적 경험에서부터 시작된다.

> "음악이라는 말을 사람들과 같이 쓰고 있으나,
> 실상 그 말의 내용물이 전혀 달라질 수 있는 이유도 <u>여기</u>에 있다."
> (이강숙, 2002, 16)
>
>
> "경우에 따라서는 음악을 이해하고 있지 않으면서,
> 음악을 이해하고 있는 것으로 착각을 하는 문화인이 생길 수 있는 이
> 유 역시 <u>여기</u>에 있다." (이강숙, 2002, 16)
> B

위의 인용문은 이강숙이 '음악의 이해'라는 자신의 책에서 설명하는 '음악의 본질'에 대한 내용이다. 두 인용문에 공통적으로 나타나는 '여기' A와 B는 무엇을 의미할까?

두 경우 모두 음악을 이해하는데 있어 우리가 쉽게 간과하게 되는 '인지 또는 이해과정'의 중요성과 그에 따라 발생하는 결과물의 차이를 설명하고 있다.

대부분의 사람들은 음악 또는 음악적 현상을 듣거나 볼 수 있는 물리적 인지기관을 갖고 있다. 그러나 이들의 정상적인 기능에도 불구하고 음악적 인지에 있어 개인 간 다른 결과를 가져오는 이유는 그 결과물의 배경이 되는 개개인의 '현상학적 장'과 '현상학적 장의 형성과정'이 다르기 때문에 그 결과 또한 다르게 나타난다.

A: 개개인의 경험적 장, B: 개개인의 경험적 장

❦ 이러한 직접적 경험에서부터 시작된 특정 현상이나 대상에 대한 이해는 다음의 과정을 불러일으키며, 궁극적으로는 '나에 대한 이해'를 가능하게 한다.

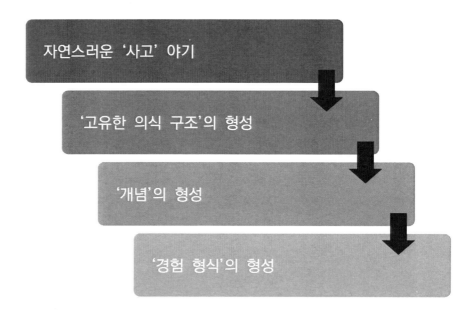

자연스러운 '사고' 야기

'고유한 의식 구조'의 형성

'개념'의 형성

'경험 형식'의 형성

❦ 직접적 경험의 반복은 '자연스런 사고'를 불러일으키며, 이러한 사고의 과정을 통해 대상에 대한 이해가 가능해진다. 이때 직접적 경험은 '자발적 동기 부여'에 의해 이루어져야 한다.

❦ 이러한 이해의 결과는 연쇄적으로 '고유한 의식구조'의 형성을 가능하게 하는데, 이는 남과는 구별되는 '나만의 성격을 가진 구조'를 뜻한다.

❦ 고유한 의식구조 내에서 형성된 특정 대상에 대한 이해의 결과를 '개념'이라고 하는데, 이는 단지 특정 대상에 대한 본질적 속성에 대한 이해만을 뜻하지 않으며, 나아가 '나의 경험'이 기초가 되어 형성된 '경험 형식'에 의한 이해를 의미한다.

결과적으로 앞에서 언급한 과정을 통해 도출한 결과물인 경험형식은 외부의 감각적 재료를 통합하여, 하나의 의미를 부여하는 (이해하는) 사고의 기초로써의 역할을 하게 되며, 우리는 이를 '개별적 기본경험(individuelle Grunderfahrung)', 또는 '현상학적 장(phenomenal field)'이라고 부른다.

현상학 이론가이자 인간 중심 이론을 주창한 로저스(Rogers, 1951)가 설명하는 현상학적 장의 내용은 다음과 같다.

> '현상학적 장(phenomenal field)'이란 특정 순간에 개인이 지각하고 경험하는 모든 것을 의미하며, 매우 주관적인 개인적 경험의 결과를 가리킨다. 로저스가 바라보는 인간은 단순히 기계적이거나 무의식적인 욕망의 존재가 아니다. 인간은 자신을 창조하는 과정이 필수적이며, 스스로 생의 의미와 가치를 발견해야 하고, 이에 따라 주관적 자유를 실천할 수 있어야 한다. 로저스는 이러한 관점에서 인간을 '유기체적(organism) 존재'로 규정하고, 이러한 과정의 결과물을 '현상학적 장' 또는 '경험적 장(experiential field)'으로 설명한다.

따라서 나의 꿈을 발견하고 이를 발전시키기 위해서는 '나에 대한 이해'와 함께 '긍정적인 현상학적 장의 형성'이 전제된다. 긍정적 현상학적 장은 새로운 유사 경험환경에서 자극에 대한 새로운 자발적 동기부여를 유도한다.

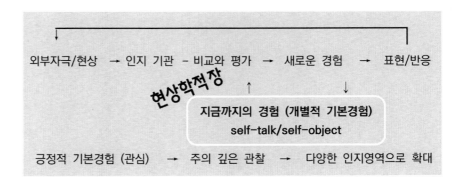

생각하기

다음 음악을 들어보고 자신의 느낌을 자유롭게 표현해 보자.

❧ 음악1: 슈베르트(F. P. Schubert, 1797-1828)의 마왕(Erlkönig)

❧ 음악2: 한국의 판소리 서편제 중 일부

❧ 음악에 대한 자신의 반응을 음악1은 ○ 표시로, 음악2는 △로 해서 다음 표에 표시해 보자.

	3	2	1	0	1	2	3	
고요하다		○			△			흥분된다
부드럽다								강하다
가볍다								무겁다
즐겁다								슬프다
편하다								긴장된다
지루하다								흥미롭다
이해할 수 있다								이해하기 어렵다

정리하기

🎵 두 음악에 대한 나의 느낌을 친구의 결과와 비교하고 공통점과 차이점에 대해 이야기해 보자.

🎵 친구와의 비교에서 상이한 느낌의 원인이 무엇인지에 대해 앞에서 언급한 이론적 배경의 주요 개념어를 이용하여 이야기해 보자.

2

•••

내 꿈의 모양과 색

내가 꾸는 꿈은…?

인간의 두얼굴

다음은 EBS에서 제작, 방송한 '인간의 두 얼굴'이라는 다큐멘터리의 내용이다.
각각의 상황을 읽거나 시청하고 이에 대한 자신의 생각을 정리해 보자.

✔ 사례 1: 시험 중에 불이 난다면...?

❶ 상황제시

출제자
10분 동안 푸실 거예요. 문제 10분 동안 푸실 건데요

❷ 4명은 연기자, 1명만 실험 대상자

❸ 문제상황 발생

❹ 문제 제기하는 피실험자

진경안 대학생
저거 이상하죠
시험 감독한테 연락해야 되는데

❺ 그러나 무반응에 수긍하는 피실험자

❻ 10분 뒤 …

❼ 탈출한 인원은 '0'

❽ 드디어 탈출!

생각하기

피실험자의 행동 중 '문제'라고 생각하는 점은 무엇인가?

그리고 내가 피실험자의 입장이라면 어떻게 행동했을 지에 대해 생각해 보자.

- 피실험자는 문제 상황에서 왜 아무런 반응을 안 했을까?

- 내가 피실험자라면 어떻게 행동했을까?

- 이러한 생각의 근거와 이유는 무엇인가?

☑ 사례 2: 시험 중 불이 난다면...? 혼자만 있는 경우!

❶ 실험 대상자 1인만 입실

❷ 문제상황 발생

❸ 18초 만에 반응하는 피실험자

❹ 행동의 이유를 설명하는 피실험자

생각하기

사례 2에 나타난 피실험자의 행동이 사례 1의 경우와 다른 이유에 대해 생각해 보자.

- 피실험자는 문제 상황에서 어떻게 바로 반응할 수 있었는가?
- 사례 1과 사례 2의 가장 큰 차이점은 무엇일까?

☑ 사례 3: 어~ 속았네!

❶ 도로 위 상황

2008년 4월 서울 강남역

❷ 특이 행동을 하는 사람들

3명이 동시에 하늘 올려다보기

❸ 주변 사람들의 반응

뭐야? 뭐가 보인다는 거야?

❹ 어이없어 하는 사람들

낚였다!

사례 3의 경우에서 하늘을 바라보는 사람이 3명이 아닌 1명, 혹은 2명이라고 할 때, 이에 대한 사람들의 반응이 어떠할 지에 대해 이야기해 보자.

- 하늘을 가리키는 사람의 수에 따른 주변 반응의 차이는 어떠할까?
- 이러한 반응의 차이는 왜 발생하는가?

☑ 사례 4: 스탠포드 가짜 교도소 실험의 결과

❶ 짐바르도교수의 실험

❷ 실험의 배경

❸ 지원자 모집

❹ 역할 분담

❺ 실험 시작

❻ 죄수 체포하는 교도관

❼ 교도소 내 상황

교도관 "웃어? 여기 엎드려서
팔굽혀펴기 해!"

❽ 죄수들의 행동

죄수들 "죄수 819번이 나쁜 짓을 했다
죄수 819번이 나쁜 짓을 했다"

❾ 교도관의 행동

침대 뺏기

❿ 비인간적 명령

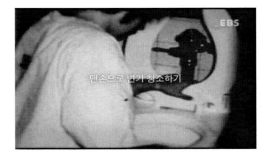

맨손으로 변기 청소하기

⓫ 비인격적 대우

머리에 봉지 쓰고 행진하기

⓬ 실험 강제 종료

6일 만에 실험 중단

☑ 사례 5: 안과에서의 실험 – 이상한 요구

❶ 실험의 배경

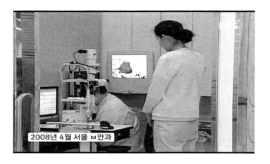

❷ 실험 내용

❸ 일반적인 안과 검사

❹ 이상한 요구들

❺ 이상한 요구에 반응하는 피실험자1

❻ 이상한 요구에 반응하는 피실험자2

앉으세요
앉아서 토끼뜀을 열 번 뛰어봐요

❼ 이상한 요구에 반응하는 피실험자3

왼손에 물을 묻혀갖고 열 번 배꼽에 둘리고
오른손에 묻혀서 오른쪽으로 배꼽에 돌려봐요

코끼리 손 만들어 봐요 한 번
토끼뜀을 세 번만 뛰어 봐요

생각하기

사례 4와 5를 통해 인간과 상황의 관계에 대해 생각해 보자.

- 인간은 상황을 이길 수 있는가?

- 만약 상황이 인간을 이긴다고 생각한다면, 그 이유는 무엇인가?

- 인간이 상황을 이기기 위해 필요한 것은 무엇인가?

다음은 앞에서 제시한 사례 또는 실험에 참여한 피실험자들의 인터뷰 내용이다. 이들 간에 발견되는 공통점이 무엇인지 찾아보고 이에 대한 본인의 생각과 비교해 보자.

✎ 사례 1: 시험 중에 불이 난다면...?

괜히 다른 분들 문제 잘 풀고 있는데 저만 혼자 나갔다가 …
아무것도 아니면 확실한 증거도 없으니까

10분 있다가 오신다고 하셨으니까
그때 당연히 오실 줄 알고

여러 사람이 섞여 있으니까 제가 혼자 먼저 나서기가
좀 눈치가 보여서 … 솔직히 말해서 다 안 움직이니까
주위 반응을 계속 살폈어요

다른 사람들이 다 가만히 있어서 같이 안 나간 거 같아

전문가 의견

다른 사람들이 먼저 움직이지 않는 경우 대부분의 사람들은 '아, 이거는 위급상황이 아니구나' 하고 판단한다. 이는 상황 판단에 있어서 다른 사람의 행동이 나의 판단에 매우 큰 영향을 끼칠 수 있음을 보여주는 좋은 예이다.

✔ 사례 2: 시험 중에 불이 난다면...? 혼자만 있는 경우!

좀 심해 지길래 '불 났나' 이런 생각이 들었죠.
근데 주위에 아무도 없으니까 도움 청하기도 그래서
그냥 뛰어 나온 거 같아요

내용 상 이해를 돕고자 사례 5, 사례 4, 사례 3의 순으로 제시하였다.

✔ 사례 5: 안과에서의 실험 – 이상한 요구

해보라니까 의사선생님이 하라고 하니까 그리고
'따라 하면 뭔가 있겠지' 라는 생각이 들어서 …

왼손에 물을 묻혀서 열 번 배꼽에 돌리고 …
코끼리 코를 만들어봐요, 토끼 뜀을 세 번만 뛰어봐요 …
이상하지만 의사가 하라고 하니까

의사가 시키는 거를 다해야 뭔가 정보를 나에게 줄 것이라는
생각에 다 따라 했던 거 같아요. 아~ 진짜 이상해!

전문가 의견

결코 밖에서 봤을 때 '나라면 안 그럴 텐데'라는 생각 자체가 굉장히 오만한 것일 수 있다'라고 생각하다. 그 상황에 들어가면 누구나 그럴 수 있다. 이게 바로 상황의 힘이다.

✔ 사례 4: 스탠포드 가짜 교도소 실험 결과에 대한 짐바르도 교수의 인터뷰 내용이다. 그는 실제 실험을 계획하고 실행한 연구책임자로써 다음과 같이 말했다.

실험 결과는 매우 슬펐습니다. 인간성에 대한 슬픈 결과가 나왔습니다. 상황이 이기고 사람들이 이에 굴복했습니다. 이는 세상 사람들 모두가 듣기 싫어하는 메시지입니다. 왜냐하면 모든 인간들은 악에 대항할 수 있는 능력이 있다고 믿기 때문입니다. 그러나 이러한 상황은 33년 후 우리의 현실에서 재현됐습니다.

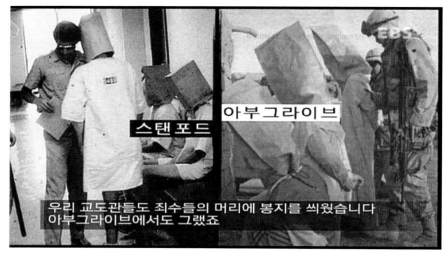

우리 교도관들도 죄수들의 머리에 봉지를 씌웠습니다
아부그라이브에서도 그랬죠

2004년 이라크 아부그라이브

당시 포로 수용소 학대 사진

✔ 전문가 의견

사람이 좋고 나쁜 사람의 문제가 아니라 그 상황 자체가 이 사람으로 하여금 어떤 행동을 하게 하는가가 중요하다.

그들은 분명 다른 여러 사람들이 하는 것처럼 행동했었고 또한 우리들도 그들과 똑같은 상황에 처해졌다면 분명히 그렇게 했을 것이다.

✔ 사례 3: 어~ 속았네!

우리가 상황에 종속 돼 있는 것처럼 보이지만, 우리는 전체 상황을 바꿀 수 있는 능동적인 행위자다. 우린 이 사실을 기억해야 한다. 우리가 상황을 이겨내는 예 는 생각보다 훨씬 많다.

2003년 10월 13일

2005년 12월 15일

이 큰 열차가 몇 사람이 민다고 쉽게 밀리지 않거든요

☑ 전문가 의견

우리에게는 전환점이 필요하다.
즉 2명과 3명의 차이인 것이다.

3명이 모이면 그때부터 집단이라는 개념이 생긴다.
그것이 이제 사회적 규범 또는 법칙이 되고
특정한 목적을 갖고 있는 것으로 보인다.

놓치지 말아야 할 점은 처음부터 3명이 아니었다는 사실이다.
나, 그리고 나와 뜻을 같이 하는 한 사람, 두 사람이 모여서 3명이
되고, 또 전체를 고칠 수 있는 놀라운 상황을 만들게 된다.
이것이 본 사례에 숨겨져 있는 또 다른 메시지이다.

또 다른 3의 법칙을 만들고자 노력하는 '나의 모습'에 대해
생각해 보고 정리해 보자.

- 현재 내가 가장 관심 있어 하는 것은 무엇인가?
- 나의 관심과 흥미를 충족시키기 위해 계획한 것이 있는가?
- 그 계획에 따라 하루하루 나는 어떻게 노력하고 있는가?
- 나의 이러한 노력은 나와 뜻을 같이 하는 두 번째, 세 번째 사람들을 만들
  고 있는가?
- 이러한 나의 모습이 함께 하는 우리 사회에 어떠한 영향을 끼칠 수 있는가?
- 나는 '함께 밀어봅시다'하고 먼저 말할 수 있는가?
- 나는 '나'에 대한 신념을 갖고 있는가?

1편의 내용이 나의 존재감과 자존감, 그리고 이를 통한 꿈에 대한 주제였다면, 2편에서는 꿈에 대한 '나만의 모양과 색'이 필요한 이유와 이를 찾기 위한 과정을 여러 사례를 통해 살펴보고자 한다.

생각하기

다음은 오늘 날 연구되거나 만들어져 사용되고 있는 기상천외한 사고의 결과물들이라고 한다. 이 중 실제 존재하기 어렵다고 생각하는 것, 즉 존재 자체가 '거짓'이라고 생각되는 것은 무엇인가? 해당하는 것에 표시해 보자.

우주 엘리베이터	
타임머신	
생명 연장 아파트	
마징가 Z 기지	
버농사 건물	
자동차 로봇 & 감정 로봇	
감옥 호텔 & 유치장 레스토랑	

✅ 우주를 가는 엘리베이터를 만든다?

우주 엘리베이터 제작자 벤 쉘레프는 인공위성에서 지구로 밧줄을 떨어뜨리고 그 밧줄을 지구와 연결하는 우주 엘리베이터를 제작하고 있다. 그는 이를 우주 고속도로라고 표현하며 앞으로 화성에서의 신도시 건축도 계획하고 있다.

✅ 시공간을 넘나드는 타임머신을 만드는 사람?

미국 코네티컷 주립대학 물리학과의 로날드 말렛은 타임머신에 빠져있는 사람이다. 아인슈타인의 '시간은 절대적인 것이 아니다'라는 주장에서 시작된 타임머신에 대한 신념은 시간의 변경과 흐름 및 속도의 조절을 위해 그의 모든 노력을 불러일으키고 있다. 20세기 이전의 수많은 과학자들이 '인간의 힘으로 하늘을 나는 것은 불가능하다'고 생각했다는 그는 비행기를 통해 자유롭게 여행하는 현대의 상황을 비교하며 미래 타임머신의 가능성을 확신하고 있다.

☑ 생명 연장 아파트가 있다?

아라카와 슈사쿠 부부는 생명 연장 아파트를 설계한다. '우리는 죽지 않기로 결정했다(We have decided not to die)'라는 책의 저자이기도 한 부부는 인간의 다양한 감각을 자극하기 위해 모래를 깔고 돌을 박으며, 심지어 일부러 균형을 잃게 한다. 이러한 시도는 집에서 생활하는 가운데 잊고 지내던 새로운 감각들을 일깨우는데 목적이 있다고 한다. 이들의 장기적인 목표는 '생명 연장 마을을 건설'하는 것이다.

☑ 마징가 Z의 기지를 설계한다?

이와사카 테루유키는 일본 마에다 건설의 판타지 영업부에서 근무한다. 그는 만화영화에 나오는 구조물들, 예를 들어 기지나 교량을 현재의 건축 기술로 만들 수 있는 지 검토하고 인터넷에 공개하는 일을 하고 있다. 그의 회사는 만화 영화에 나오는 구조물 전체를 재현하고자 하는 계획을 갖고 있다. 즉 상상에서 시작된 사고의 결과물을 현실로 재현하는 것이다.

 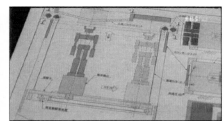

☑ 건물 안에서 벼농사를 짓는다?

파소나 그룹의 카미우에 타다유키와 가와라이 쿠미코는 농업의 활성화를 통해 고용이 늘고 고용이 늘면서 농업 또한 발전하는 방안으로 도시 안에서의 농업, 건물 안에서의 벼농사를 연구하고 있다. 이는 식량자원에 대한 고려분만 아니라 삭막한 도시 건물에 자연의 내음을 제공하고자 하는 목적이 있다.

☑ 이것 모두 진실?

무인 자동차, 감정을 표현하는 인공지능로봇 등 모두 현재 연구되고 결과물이 나타난 진실된 내용이다. 오늘날의 산업과 기술은 상상에 그쳤던 일들을 현실화하고 있다. 그리고 이는 그 꿈과 상상을 포기하지 않은 소수의 사람들에 의해 이루어지고 있다.

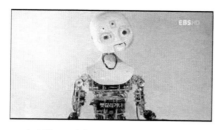
의아한 표정을 짓는 인공 지능 로봇

무인자동차 로봇

다른 한편으로는 사람들의 흥미와 관심을 불러일으킴으로써 상업적 가치를 높이고자 하는 시도도 발견된다. 이미 앞에서 소개한 감옥을 개조한 호텔과 유치장의 모습을 그대로 활용한 레스토랑이 좋은 예다. 또한 작은 영감을 통해 얻은 사고의 결과물을 자신이 운영하는 비누 가게 진열대에 적용하여 많은 손님들의 호감을 불러일으킨 예도 있다.

이들의 공통점을 찾자면, 주변의 작은 시그널조차도 그대로 지나치지 않았다는 것이다. 그 속에 담겨있는 의미를 찾고자 하였고, 또 이를 실제에서 의미 있는 것으로 활용하고자 시도하였다. 그리고 그 결과는 다음과 같이 모두 진실로 나타났다.

호텔로 바뀐 감옥

유치장 레스토랑

신선한 과일처럼 진열된 비누

정리하기

✔ 이상의 사례에서 진실, 혹은 거짓이라고 생각했던 사건들은 무엇인가?

✔ 위의 결정을 하게 된 이유는 무엇인가?

✔ 만약 그 결정에 오류가 있었다면, 그 원인은 무엇이라고 생각하는가?

✔ 결국 우리가 생각하고자 했던 자신의 '꿈의 모양과 색'은 어떠하다고 생각하는가?

✔ 본인 꿈의 모양과 색을 발전시키기 위해서 필요한 것이 무엇인지 생각해보자.

✔ 본인 꿈의 모양과 색을 사례에 제시된 것처럼 사진이나 그림으로 표현하여 친구들에게 소개해보자.

심리학으로 보는 '나와 꿈'의 상관관계

자세히 보아야 예쁘다. 오래보아야 사랑스럽다.
너도 그렇다.

내가 진정 원하는 것은?

❶ 옛날 어느 마을에 혼자 사는 노인이 있었다. 노인의 조용한 창 밑으로 언제부터인가 동네 꼬마들이 모여들어 시끄럽게 놀기 시작했다.

❷ 참지 못한 노인은 어느 날 아이들을 불러 놓고 이야기 했다. 귀가 잘 안 들려서 그러니 앞으로 날마다 집 앞에서 더 큰 소리를 내며 놀아주면 한 사람당 25센트를 주겠다고 약속했다.

❸ 다음 날 아이들은 신이 나서 몰려왔고 약속대로 25센트를 받고 시끄럽게 떠들며 놀았다. 노인은 돈을 주며 다음 날도 또 와서 놀아달라고 말했다.

❹ 다음 날도, 그 다음 날도 노인은 아이들에게 돈을 주었다. 그러나 금액은 20센트에서 15센트로, 그리고 10센트에서 다시 5센트로 점점 줄어 들었다. 돈이 없어서 더 이상 줄 수 없다는 것이었다.

❺ 그러자 아이들은 화를 내며 말했다. 이렇게 적은 돈을 받고는 더 이상 떠들며 놀아줄 수 없다는 것이었다. 그 후 노인의 집은 다시 평화를 되찾게 되었다.

☑ 동네 아이들이 할아버지 집 앞에 모였던 이유와 본래부터 원했던 것은 무엇인가?
위의 내용에서 아이들에게서 발견되는 변화는 무엇인가?
그리고 이러한 변화는 어떻게 발생했을까?

누구도 네 인생을
책임져 주지 않아!
열심히 해!

큰 꿈을 꿔라!
큰 꿈일수록
힘이 세지는 거다!

아니야! 자발적인
너의 호기심이
꿈의 시작이자
끝이란다.

그럼! 어미 말이
맞다. 가치관이
분명할수록 힘이
세지는 거야!

그래서 자세히 보아야 하고
오래 보아야 하는 거지.
그게 바로 꿈이란 거야!

오랫동안 꿈을 그리는 사람이
그 꿈을 닮아간단다!

긍정적 현상학적 장의 형성

다음은 우리나라 최초의 음악교육학 박사이신 이강숙교수님의 '음악의 이해'(2002, 16)라는 책의 일부를 인용한 것이다. 여기에 말하는 '여기'란 무엇을 의미하는지 생각해 보자.

"ㅇㅇ이라는
말을 사람들과
같이 쓰고 있으나,
실상 그 말의 내용물이
전혀 달라질 수 있는 이유도
여기에 있다."

"경우에 따라서는
ㅇㅇ을 이해하고 있지 않으면서,
ㅇㅇ을 이해하고 있는 것으로
착각을 하는 문화인이
생길 수 있는 이유
역시 여기에 있다."

위의 인용문은 '본질'에 대한 내용을 담고 있으며 동일하게 그 이유를 '여기'라는 표현으로 제시하고 있다. 그렇다면 두 인용문이 공통적으로 제시하는 '여기'는 무엇을 의미하는 것일까?

이미 앞에서 언급한 바와 같이 두 경우 모두 대상을 이해하는데 있어 우리가 쉽게 간과하게 되는 '인지' 또는 '이해의 과정'의 중요성과 그에 따른 '상이한 결과'를 가리키고 있다. 대부분의 사람들은 특정 대상, 또는 특정 현상을 듣거나 볼 수 있는 물리적 인지기관을 갖고 있다. 그러나 이러한 기관의 정상적인 기능에도 불구하고 대상에 대한 인지에 있어 개인 간 다른 결과를 가져오는 이유는 그 결과물의 배경이 되는 개개인의 '현상학적 장'과 '현상학적 장의 형성 과정'이 다르기 때문이다.

같은 맥락에서 이강숙(2002, 19)은 '시력이 좋다고 해서 그림을 볼 줄 아는 눈을 가졌다고 말할 수 없는 것과 마찬가지로 청각 기능 역시 그 기능이 정상이라 해도 음악을 듣는 귀는 다르다'고 강조한다. 이유는 우리의 귀가 개개인의 마음과 상관하기 때문이다. 이러한 마음을 본 장에서는 '현상학적 장'으로 규정하였고, 이러한 긍정적인 현상학적 장 형성의 중요성을 강조하고자 그 당위성을 학습 및 발달심리학적 관점에서 살펴보고자 한다.

✔ 개별적 기본경험의 결과물로서의 현상학적 장

스트라빈스키(I. Stravinsky, 1882-1971)는 음악이 인간에게 미치는 영향을 설명하면서 이러한 영향의 결과를 다음과 같은 두 가지 행동양식으로 구분하였다. "음악은 우리에게 그냥 듣는 것과 주의 깊게 듣는 것을 구분하게 한다"(Stravinsky, Root-Bernstein 재인용, 2007, 61). 스트라빈스키의 표현 중 우리에게 특히 의미있는 것은 '그냥 듣는 자세'와 '주의 깊게 듣는 자세'의 차이이다. 왜냐하면 학교음악교육을 담당하는 우리에게 어떻게 학생들로 하여금 '주의 깊게 듣는' 음악적 환경을 제공할 지를 보여주고 있기 때문이다. 우리는 이미 다양한 경험을 통해, 동일한 음악이라 하더라도 이에 대한 인간의 반응은 매우 다양하고 상이할 수 있음을 알고 있다. 예를 들어 독일 음대생을 대상으로 실시한 음악적 자극에 대한 반응실험(조대현, 2009)은 이러한 결과를 잘 보여준다. 당시 본 연구자는 상이한 음악적 배경의 환경 (독일예술가곡 '마왕(Erlkönig)'과 한국의 판소리 '서편제' 일부)을 제공함으로써, 그들의 음악적 인지의 차이를 살펴보고자 하였으며, 이를 위해 [그림 1]과 같은 설문지를 사용하였다. 이때 나타난 결과는 다음과 같다.

첫째, 독일가곡 '마왕'의 경우, 참여자의 대부분이 무겁고 슬프며, 어두운 감정을 표현하는 등의 일치된 인지결과를 보여줬으나, 각 문항 속에서 나타난 개인적인 정도의 차이는 작지 않았다. 예를 들면, 동일한 슬픈 감정의 표현이라 하더라도 개인적 성향이나 배경에 따라 어떤 이는 3에 해당하는 매우 큰 슬픔을 표현한 반면, 어떤 이는 가벼운 슬픔을 의미하는 1을 선택한 것이다. 즉 개인 간 편차가 크게 나타났다.

둘째, 이러한 개별적 차이에도 불구하고 그들에게 익숙한 '마왕'에 대해서는 일치된 방향의 감정을 표현한 반면, 생소한 한국 판소리의 경우, 이해와 표현에 있어 큰 혼란과 문제점을 보여주었다. 참여자 모두가 음악을 전공하고 있음에도 불구하고, 내용의 이해뿐만 아니라, 전반적인 음악적 해석에서조차 일치된 인지의 결과가 나타나지 않은 것이다. 따라서 '판소리'의 경우 개별적으로 상이한 인지의 결과만이 발견되었다. 우리는 이러한 상이한 결과의 원인을 연구대상 개개인의 '현상학적 장'(an Experience; Dewey, 1938; individuelle Grunderfahrung: Gruhn, 2003; 개별적 기본경험: Gruhn, 2008)에서 찾아 볼 수 있다. 당시 실험에 참여한 대부분의 학생들은 독일 혹은 유럽에서 태어났고, 또한 그 곳에서 성장하였기 때문에, 유럽음악에 대한 다양한 기본경험과 익숙함이 형성되어 있다고 볼 수 있다. 또한 이러한 기본경험은 동일한 또는 적어도 유사한 문화영역 안에서 형성되었기에, 낯선 한국의 판소리와는 달리, 경험된 음악에 대한 느낌, 또는 해석상의 일치, 혹은 유사한 반응을 그 결과로 가져왔다 할 수 있다. 그러나 이전에 경험해 보지 못한 낯선 자극과 만나게 될 때, 이는 복잡한 인지과정을 통해 인식되고 이해되기 때문에, 그리고 다양한 개인의 배경적 원인이 내재되어 있기 때문에, 그 결과에 있어 개인적인 편차가 크게 나타난 것이다(조대현, 2009).

(마왕 ＿＿＿ / 서편제 ＿ ＿ ＿.)

	3	2	1	0	1	2	3	
고요한								흥분되는
부드러운								단단한
가벼운								무거운
흥이 나는								슬픈
편안한								긴장되는
지루한								흥미로운
이해하기 어려운								이해할만한

[그림 1] 음악적 자극에 대한 상이한 인지

듀이(Dewey, 1938)는 이러한 개인별 차이의 원인을 개개인의 경험에 있다고 보고, 이에 'Experience'의 중요성을 강조하였다. 그러나 이 경험들이 [그림 2]와 같이 지속적으로 이루어지는 또 다른 새로운 경험의 결과에 영향을 주기 때문에 '완전한' 또는 '이미 완성된 경험'이 아니라, 불완전하고 다른 사람과는 다른 경험이라는 의미에서 'an'이라는 부정관사를 비 물질명사인 'Experience'에 덧붙여 사용하였다. 이를 독일의 음악교육심리학자 그룬(2003)이 'individuelle Grunderfahrung', 즉 개별적인 경험, 그러나 듀이보다 좀 더 명확하게 '기본경험'이라는 개념어를 사용하여 '반복되어 나타나는 인지의 과정'까지 설명하고자 하였다.

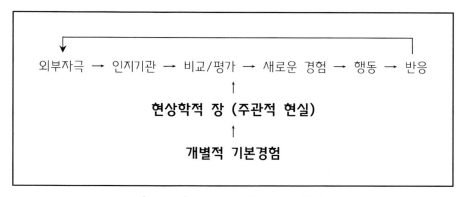

[그림 2] 현상학적 장에서의 인지

이는 마치 일반적인 언어 사용에 있어, 우리는 우리의 눈으로 보고, 귀로 듣고, 입으로 말하지만, 이를 '내 눈이 본다', 또는 '내 귀가 듣는다, 내 입이 말한다'고 표현하지 않는 것과 같다. 왜냐하면, '내'가 보고, '내'가 듣고, '내'가 말하기 때문이며, 이 과정을 행하는 주체가 바로 나 자신이기 때문이다(조대현, 2009). 따라서 무엇을 보고, 듣고, 그리고 이를 이해하고 반응하는 인지과정에 있어서 그것을 이행하는 나의 배경 – 현상학적 장은 나의 다음 행동을 결정하는 매우 중요한 요인이라 할 수 있다.

☑ 현상학적 장의 발달과정과 단계

그룬(Gruhn)은 인간이 어떤 대상이나 현상을 인지하고 이해하여 자신의 행동으로 옮기는 모든 행위를 하나의 '과정'(Prozess, 1998)으로 설명한다. 그룬이 말하는 이 과정에 있어 가장 중요한 것은 이미 앞에서 언급한 바와 같이 각각의 자극에 대해 '자신만의 의미'(Verkörperung: Plessner, 1970; formale Repräsentation: Bamberger, 1991; Audiation: Gordon, 1997)를 부여하는 일이다. 다시 말하면, 우리가 특정한 외부적 자극을 입력하고자 할 때, 그 자극이 제공하는 모든 정보를 저장하는 것이 아니라, 나에게 의미 있는 특성만을 선별하여 이후에 쉽게 재발견할 수 있는 하나의 프로그램으로 구성, 또는 구분(Klassifizierung)하는 것이다. 그룬(2003)은 이러한 행위를 교사가 추구해야 하는 '학습' 또는 '학습의 과정'으로 정의하였다.

이러한 학습과정은 학습 및 발달심리학적 관점에서 보는 인지발달의 단계와 매우 긴밀한 관계를 갖고 있다. 왜냐하면 이러한 과정은 처음부터 가능한 것이 아니라, 또는 일회성으로 이루어지는 것이 아니라, 단계적으로 일어나는 또 다른 과정과의 지속적인 관계를 요구하기 때문이다.

현상학적 장의 형성과 그 발달과정은 다음과 같다. 먼저 '주어진 배경에 의한 이해'의 단계이다. [그림 3]은 우리에게 상이한 배경을 가진 두 개의 원(가운데 위치한 원)과 선(가운데 위치한 선)을 보여준다.

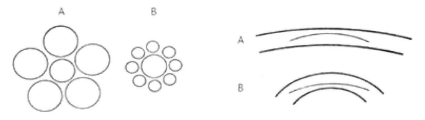

[그림 3] 주어진 배경에 의한 이해(Metzger, 1975)

우리는 '어느 원이 더 크게 보이는가?'라는 질문에 큰 어려움 없이 B라고 답할 것이다. 또한 길이를 묻는 질문에도 특별한 고려 없이 B를 더 긴 선으로 선택할 것이다. 그러나 실제 비교하고자 하는 원의 크기와 선의 길이는 모두 동일하다. 다만 주어진 상이한 배경에 따라 우리의 인지기관이 특정한 것을 더 크거나 긴 것으로 착각하여 인지하는 것이다. 이러한 결과는 외부로부터 주어진 배경에 의해 야기된다. 따라서 이때 우리의 현상학적 장은 전혀 기능하지 않는다. 이와 같이 주어진 배경에 의한 인지, 그러므로 인지기관의 물리적 기능에 이상이 없는 한 모든 사람에게서 동일한 인지의 결과를 가져오게 되는 단계를 1차적 인지단계로 규정한다. 이는 외부로부터의 정보를 그대로 받아들이는 초기인지의 단계이며, 이러한 관점은 피아제(Piaget, 1973)가 말하는 '인지구조의 재구성' 이론과 브루너(Bruner, 1966)의 '나선형 교육과정 원리'(spiral curriculum)등을 통해 설명이 가능하다. 또한 1차적 인지의 단계는 음악교육적 관점에서 고든(1997)과 그룬(2003)이 구분한 초기 유아음악능력발달(Preparatory Audiation)의 세 단계, 즉 순응(Acculturation)-모방(Imitation)-동화(Assimilation)의 시기 중 순응에 해당하는 '무조건적 수용의 단계'이기도 하다.

인지발달의 두 번째 단계는 '일반화된 기본경험에 의한 이해의 단계'이다. 이때부터는 1차적 인지단계에서의 경험과 정보를 이용하여 직면한 현상이나 사건을 나름대로 비교, 판단하게 된다. 그러나 이 역시 일반화 된 경험에 의해 이루어지는 제한된 인지의 단계이므로, 대부분의 사람이 익숙함의 정도에 따라 유사한 인지의 결과를 가져올 수 있다. 예를 들면 다음과 같다.

A

B

[그림 4] 일반화된 기본경험에 의한 이해

먼저 A 그림만을 살펴보자. 우리는 어떠한 현상을 발견하게 되는가? 한 여자의 두상이 역으로 놓여있고, 그 여자는 웃는 얼굴을 하고 있다. 그러나 정상적인 방향의 그림 B는 우리가 A에서 이해한 인지의 결과가 그릇되었음을 깨닫게 한다. 그렇다면 이러한 상이한 이해의 원인은 어디에 있을까? 우리는 선 경험을 통해 형성된 우리의 현상학적 장에서 그 원인을 발견할 수 있다.

A의 얼굴을 밝게 웃는 것으로 이해하게 하는 가장 큰 요인은 먼저 입 모양에서 발견되는 ⌣ 표상이다. 우리는 이미 생활 속의 경험을 통해 ⌣ 는 웃는 얼굴이라는 절대적인 표상을 갖고 있다. 어린 아이들 또한 그림을 그릴 때 이러한 표상을 이용하여 나름대로 원하는 모습의 분위기를 표현한다.

이와 반대로 그림 B에 나타난 ⌢ 표상은 기분 나쁜, 또는 화가 났음을 의미하는 대표적 표현방법이다. 다시 말하면, 이미 우리에게 익숙하게 경험된 이러한 시각적 표상들이 우리로 하여금 기분 좋은 또는 슬프거나 화난 모습으로 특정 사물과 사건 또는 현상을 이해하게 하는 것이다.

그 외에도 전체적인 얼굴에 나타난 주름의 모양과 광대뼈의 명암, 그리고 눈 주위의 모습들이 우리의 현상학적 장에 저장되어 있는 특정한 기본경험을 자극한다. 이러한 비교과정은 우리로 하여금 특정한 대상에 대해 '~은 어떠하다'는 이해를 갖게 한다. 따라서 두 번째 인지단계는 우리에게 다양한 기본경험을 요구하고 있으며, 이러한 경험이 우리에게 익숙할수록, 더 많은 자극에 대해 관심을 갖고 행동하게끔 유도한다. 이러한 이유에서 그룬은 인지발달 첫 번째 단계와 두 번째 단계에서 필요한 다양한 경험의 중요성을 다음과 같이 강조한다.

"우리는 단지 우리가 이미 알고 있고 표현한 경험이 있는 것만을 보고 듣게 된다. 그리고 단지 우리가 이미 갖고 있는 사고의 토대에 일치하는, 또는 그와 관계 있는 것만을 인지하고 이해할 수 있다(1998, 33). 따라서 음악적 기본경험이 다양할수록 우리는 더 나은 음악적 이해를 할 수 있다. 이것은 많이 듣고 말하는 아이가 언어적으로 더 많이 이해할 수 있는 것과 같다(2003, 101)."

인지발달의 세 번째 단계는 '개별적 기본경험에 의한 이해'이다. 이는 지금까지 우리의 현상학적 장에서 형성된 다양한 경험들이 특정한 조건 아래 재구성되고, 또한 상호 간에 간섭하여 긴밀한 영향을 맺게 될 때 시작된다.

예를 들면, 여기 하나의 펜(Pen)이 있다. 이 펜은 대략 16cm 길이의 일반적인 형태를 띠고 있다. 그러나 시각적으로만 인지한 이 펜의 길이에 대한 사람들의 의견은 매우 상이하게 나타난다.

어떤 사람은 'cm'라는 단위를 사용하여 대답하고, 어떤 이는 '자신의 손'을 측정 잣대로 이용할 수 있으며, 혹자는 단지 자신에게 '유용한가'의 여부만으로 길이에 대한 이해를 대신할 수도 있다.

즉 개별적인 경험의 정도에 따라 측정 잣대와 그 결과가 상이하게 나타나는 것이다. 물론 이에 대한 경험이 전무하거나 오히려 부정적이라면, 질문에 대한 답변을 거부할 수도 있을 것이다. 따라서 이러한 세 번째 인지발달 단계의 결과물은 우리의 성격을 특징짓는 매우 중요한 요소이다.

"우리는 어떻게 우리의 존재를 확신하고, 우리의 가치를 확인하는가? 우리는 세상에 영향을 끼침으로써 존재가치를 확인하게 된다."(White, 1959).

"우리가 세상에 영향을 끼치고 이로부터 생기는 송환효과에 의해 우리는 영향을 받게 된다. 그 송환효과는 우리에게 다양한 정서를 불러일으킨다. 우리는 이와 같은 정서적 경험을 통해 우리의 존재를 확인하고 우리의 가치를 인정한다."(Kusyszyn, 1977).

즉 [그림 2]에 나타난 반복된 현상학적 장의 형성 및 변화과정 속에서, 우리는 우리의 행동에 대한 세상의 반응에 의해 '나의 행동은 ~하다' 또는 '나는 ~한 사람이다'로 이해하게 되는 것이다. 역으로 내가 의미 부여하는 '나만의 세상(subjective Reality)' 또한 이러한 과정 속에서 의미 있게 형성되게 된다.

이러한 발달의 과정은 모든 학습영역 안에서 동일하게 발생한다.

예를 들어, 고든(1997, 8)은 개별적 기본경험에 의한 의미부여의 능력을 음악영역에서 '오디에이션(Audiation)'이라 정의했고

> A musician who can audiate is able to bring musical meaning to notation.
> A musician who cannot audiate can only take theoretical meaning from notation.

호건(Horgan, Root-Bernstein 재인용, 2007, 37)은 미술영역에서 '마음의 눈'이라 말하고 있으며,

> 존재하지 않는 것을 상상할 수 없으면 새로운 것을 만들어 낼 수도 없으며 자신만의 세계를 창조하지 못하면 다른 사람이 묘사한 세계에 머무를 수밖에 없다.

독일의 무용교육학자 플레스너(Plesner, Richter 재인용, 1987, 102-106)는 'Verkörperung'이라는 개념어를 통해 다음과 같이 구분하여 정의하고 있다.

> '음악을 몸으로 표현하는 사람(Der Mensche verkörpert Musik)'과 '음악을 통해 자신을 표현하는 사람(Der Mensch verkörpert sich in oder durch Musik)'

즉 오디에이션할 수 있고 자신만의 마음의 눈을 갖고 있으며, 음악을 통해 자신을 발견하고 표현하는 사람이 '자신과 세상과의 관계'를 긍정적으로 설정하고 이를 통해 세상에 나만의 '긍정적인 의미를 부여'하는 창의적인 '현상학적 장'을 가진 사람인 것이다.

만약 그렇지 못하다면, 즉 작곡가에 의해 주어진 악보를 주어진 악상기호대로만 연주할 수 있고, 다른 사람의 창작물을 모방하며, 내가 아닌 다른 사람의 것만을 표현한다면, 그는 '세상의 주변인'에 지나지 않게 된다.

이러한 이유에서 세상과의 교류를 통해 긍정적인 자신만의 시각을 찾고 그 영역을 확장시키는 작업이 필요하다. 이러한 이유에서 긍정적 현상학적 장의 형성은 매우 중요하게 다루어져야 한다. '음악과 나'의 긍정적인 관계 형성이 나로 하여금 음악적으로 사고하고 음악적으로 표현하며 음악적으로 생활하는 나를 가능하게 하기 때문이다.

✔ 긍정적 현상학적 장을 통한 음악의 이해

이미 언급한 바와 같이 개별적 기본경험이 기능하는 세 번째 단계에서의 이해와 개별적인 의미부여는 다양한 경험 간의 긴밀한 관계형성과 재구성을 통해 가능해진다. 즉 타 영역 간의 경계가 허물어지고, 시각적 자극을 청각적으로 인지하며 이를 신체적으로 표현하고, 촉각적 느낌을 언어적으로, 또는 언어적 표현을 음악적으로 인지하는 등의 다양한 인지영역 간의 활발한 교류가 우리의 현상학적 장안에서 이루어져야 하는 것이다.

다음은 '음악과 나의 긍정적인 관계' 속에서 가능한 '음악적 사고의 생활화'를 보여주는 통합교육적 관점에서의 예이다. 이는 2008년 모 음악대학 학생들과의 수업 속에서 나타난 현상으로 비음악적 자극에 대한 다양한 음악적 사고의 결과를 보여주고 있다.

'음악의 이해'라는 수업에서 나는 '주변에서 발견할 수 있는 음악적 사건이나 현상'을 디지털 카메라에 담아오는 과제를 내주었다. 그러나 한 주 후에 학생들이 제출한 과제물은 단지 이미 모든 사람들이 음악에 관련된 사진이라 생각할 수 있는, 예를 들어 악기 또는 연주회 사진 등 1, 2차적 인지단계의 결과물뿐이었다.

이에 나는 학생들에게 외부환경으로부터 주어진 '수동적 인지'가 아닌 나만의 의미부여에 의한 '능동적 인지'의 결과물을 요구하였다. [그림 5]는 이러한 거듭된 요구에 학생들이 제출한 결과물 중 하나이다.

[그림 5] 능동적 인지에 의한 음악적 이해의 결과물

[그림 5]에서 우리는 어떠한 음악적 의미를 발견할 수 있는가? 이 과제물을 제출한 학생 A는 이 그림에 대해 다음과 같이 설명하였다.

> "풍선이 마치 ♩ 같지 않나요? 알록달록 예쁜 풍선들. 한 풍선이 소녀에게 건네집니다. 수많은 음표들, 한 음표가 사랑의 손으로 옮겨집니다. 수많은 음표들이 하나하나 사랑의 손으로 옮겨지며 아름다운 선율을 만들어 냅니다."

학생 A는 먼저 검은 풍선에 음표의 의미를 부여하였다. 또한 놀이동산의 피에로를 통해 아이들이 좋아할 수 있는 음악가를 만들었다. 그리고 이 음악가가 꿈 많은 어린 소녀들에게 아이들이 좋아하는 풍선음악을 전달한다고 해석하였다. 즉 눈에 보이는 시각적 정보 속에서 그 이상의 음악적 내용을 발견한 것이다.

[그림 5]에 대한 이러한 이해는 A학생의 현상학적 장에 형성되어 있는 '음악과 음악가, 그리고 어린 소녀로 의미 부여된 청중에 대한 긴밀한 상관관계'를 보여주고 있다. 그러나 조별 토론 속에 나타난 조원들의 생각은 이미 앞에서 언급한 바와 같이 개별적 현상학적 장에 의한 개인의 차를 보여준다. 〈표1〉은 조원들의 의견을 인지의 정도에 따라 순서대로 정리한 것이다.

조원	음악적 이해의 내용	인지 단계
B	피에로-음악가가 갖고 있는 아름다운 음악을 꿈 많은 아이에게 전해주는 듯하다	2차적 인지
C	같은 음악을 들어도 모두 다르게 느끼듯이, 같은 풍선을 나누어 주어도 받아들이는 사람에 따라 다르게 느낄 것이다.	3차적 인지 (교육적 관점)
D	어린 아이의 입장에서 재미있고 호기심을 가질 수 있는 눈높이에 맞는 피에로(음악가)가 풍선을 통해 음악을 전하는 듯하다.	3차적 인지 (교육적 관점)
E	선생님이 아이의 특성에 따라 다르게 지도하시는 것과 같이, 개개인에 맞는 다른 풍선을 아이들은 받을 것이다. 음악은 그 사람의 경험에 의해 받아들여지는 것이라는 교수님의 말씀처럼 음악이란 만들어 내는 사람과 그 음악을 받아들이는 사람, 양쪽 모두가 중요하다고 생각한다.	3차적 인지 (교육적 관점의 심화)
F	음악을 하는 남자(피에로)에게 사람들이 하나씩 음(풍선)을 주어 하나의 큰 음악이 완성되는 것 같다.	3차원 인지 (창의적 사고)

우리가 다섯 학생의 의견 속에서 발견하게 되는 공통점은 피에로를 음악가로, 풍선을 음표 또는 음악으로 설정했다는 점이다. 그러나 이러한 공통된 사고에도 불구하고 차이 나는 것은 바로 인지 정도의 차이, 즉 관점의 차이이다.

B학생이 음악적 이해를 요구하는 과제로써의 외부적 자극에 따른 2차적 인지(피에로-음악가)만을 보여준 반면, 다른 학생들은 검은 풍선 속에서 다양한 색의 풍선을 발견하였고, 더불어 이러한 다양한 색의 풍선이 갖는 음악 또는 교육적 의미를 부여할 수 있었다. 마지막 학생 F의 경우에는 풍선을 주고받는 방향을 전환함으로써 다른 학생과는 구별되는 자신만의 새로운 의미를 창출하였다.

본 저자는 교육학자의 관점에서 피에로의 복장뿐만 아니라, 피에로의 행동, 즉 작은 아이를 배려하여 무릎을 굽히고 팔을 모으며 시선을 아이에게 고정하는 교육자 또는 연주자의 세심한 마음을 발견할 수 있었고, 또한 이러한 교사의 노력에 팔을 뻗고 풍선 또는 교사를 바라보며 까치발을 통해 긍정적으로 반응하는 학생의 반응을 엿볼 수 있었다.

결론적으로 이러한 사례들이 시사하는 바는 대상에 대한 의미부여가 자발적이고 직접적인 경험 속에서 긍정적으로 형성된 현상학적 장에 의해 가능하다는 것이다. 그리고 이러한 나만의 현상학적 장이 주변 환경과의 관계 속에서 자기를 탐색하고, 자기를 이해하며, 또한 자신만의 특성을 갖고 행동하게 하는 '충분히 기능하는 사람(fully functional person)'으로 이끌 수 있다는 사실이다. 이러한 이유에서 우리가 지금까지 살펴 본 '개개인에게 있어 긍정적인 현상학적 장의 형성'은 개개인의 주관적 현실(subjective reality)을 더욱 의미 있는 것으로 만들어 줄 것이라고 기대하게 된다.

동사 '학습하다' 또는 '배우다'는 언어적으로 자동적 의미를 갖고 있다. 이러한 자의적 학습과 그 과정은 내적으로부터 우러나오는 충동, 동기, 또는 흔히 말하는 배움에 대한 갈망, 관심, 지식발견에 대한 기쁨(내적 통제 신념) 등에 의해 발생하기 때문이다. 이러한 내적 동기를 긍정적인 현상학적 장에서 설명하고자 하였다. 단순히 '~은 ~하다' 식의 '지식적 사고'를 지양하고, 사회구성원 개개인의 현상학적 장에서의 직접적인 경험을 통한 '가치적 사고'를 추구해야 한다. 즉 단순히 남이 발견하고 정리하여 제시하는 '명제적 지식(propositional knowledge/know that)'의 습득만이 아닌, '내'가 행위의 주체가 되어 '내'가 경험하고, 비교·판단하며, 결정하고 행동하는 '방법적 지식(procedural knowledge/know how)'의 습득을 목적해야 하는 것이다.

끝으로 이러한 여러분의 노력이 검은 풍선에서 빨·주·노·초·파·남·보의 화려한 무지개 색을 발견하게 하고, 현재의 둥근 모양의 풍선을 미래의 별 모양이나 예쁜 하트풍선으로 변화시키리라 확신하며, 훗날 여러분의 변화된 모습을 기대해 본다.

II. 타자의 거울

꿈을 비추는
네 개의 거울

여러분들은 지금 이 순간 타자의 삶의 모습을 비추는 거울의 방으로 들어오고 있다. 타자의 거울을 주제로 삼고 있는 이 장에서는 1장의 서술방식과는 약간 구별되게 서사적 구조를 가지고 서술되어질 것이다. 그 이유는 이 장에서 소개되는 타자들이 역사 속에 실재하였던 인물들이기 때문이다. 그러한 이유로 필자는 역사서술 구조의 핵심인 내러티브 형식을 살리는 동시에 에세이 형식의 글을 통해 수업을 듣는 학생들에게 가볍고 싶게 읽혀질 수 있게 하기 위한 노력을 하였다. 필자의 의도가 성공하기를 바란다. ^^

자 이제 스스로 거울의 방으로 들어가는 상상을 시작해 보자!

사회 속에서 살아가는 우리는 현실의 공간이건 가상의 공간이건 그리고 싫든 좋든 타자와 조우하게 된다. 가족, 친구, 연인, 동료, 혹은 나와는 아무런 상관이 없다고 생각되는 그저 그런 스쳐 지나가는 거리의 사람들 등등. 이처럼 우리는 매일의 일상에서 타인을 만나거나 아니면 책이나 미디어를 통해 또 다른 수많은 현실과 가상의 타자와 마주치게 된다. 의식하던 의식하지 않던 우리는 일상 속에서 거의 매 순간 타자의 삶과 마주치게 된다. 우리는 이렇게 만나는 타자의 모습과 몸짓과 혹은 그들의 삶 속에서 무엇을 읽고 무엇을 보게 되는가? 그리고 그들 타자는 나의 삶에 어떤 영향을 주고 있는가? 헤아릴 수 없이 다채롭고 상이한 타자들의 모습과 그들의 삶은 나에게 어떤 반성의 계기를 마련해 주고 있는가?

타자의 거울이라는 주제를 다루는 이 장에서 우리는 이 같은 질문에 대한 고민을 함께 하게 될 것이다. 모든 사람들의 모습을 거울에 담을 수 없기 때문에 이러한 고민을 위해 우리는 어쩔 수 없이 취사선택을 할 수밖에 없다. 타자를 담은 거울 속에서 우리는 세 명의 역사 속 인물들의 삶에 관한 이야기와 마주치게 될 것이다. 거울 속에 담기게 될 인물은 고대 그리스의 철학자 소크라테스(Socrates), 근대 독일의 종교 개혁가 루터(Martin Luther) 그리고 독일의 정치인 히틀러(Adolf Hitler)이다. 거울 속에 담긴 그들 삶의 여러 단편들을 통해서 내 삶을 반추하고 바른 삶의 방향을 찾으려는 의미 있는 반성이 일어나기를 기대한다.

헤아릴 수 없이 많은 거리의 사람들이 과연 나와 무관할까?

소크라테스의 '변명': 바른 삶에 대한 소명의식

타자의 거울로 첫 번째로 바라볼 역사적 인물은 서양의 위대한 철학자의 한 사람인 소크라테스(기원전 470년경-399)이다. 우리는 그가 기원전 399년 정치적 이유로 억울한 고소를 당해서 재판을 받고 감옥에서 독배를 마신 후 세상을 떠났다는 이야기를 알고 있다. 그가 재판정에 스스로를 위해서 변론한 내용이 그가 사망한 이후 '변명(Apology)'이란 제목을 달고 책으로 출판되었다. 우리는 이 책을 통해서 발견할 수 있는 소크

철학자의 면모를 강조한 소크라테스 조각상

라테스의 사상의 한 단면을 바른 삶에 대한 소명의식이라는 관점에서 반성해 볼 것이다.

소크라테스가 어떠한 상황에서 재판을 받게 되었는가를 이해하기 위해서 먼저 소크라테스가 살았던 시대적 맥락, 즉 고대 그리스의 도시국가 아테네에 관한 역사를 민주주의 제도의 수립과 관련하여 짧게 고찰할 필요가 있다. 잘 알려져 있듯이 오늘날 전 세계의 거의 모든 정치제도의 근간을 이루고 민주주의는 제도로서 완벽하지는 않지만 지금까지 존재해온 정치제도 가운데 가장 최선의 체제라는 사실을 부인하기 힘들 것이다. 그 민주주의라는 정치체제가 고대 그리스의 도시국가 아테네에서 탄생하게 되었다.

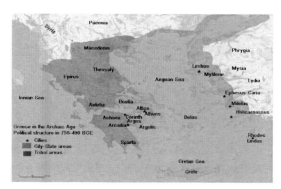

고대 그리스 세계 (기원전 750년 - 490년 경)

도시국가 아테네가 처음부터 민주주의를 정치제도의 근간으로 삼은 것은 아니었다. 대략 기원전 8세기를 전후해서 귀족정으로 출발한 아테네는 사회경제적인 변화와 더불어 평민들의 정치적 소외에 대한 불만이 증가하면서 변화의 필요에 직면하게 되었다. 동시에 전쟁에서 평민들의 역할이 중요해지면서 평민들의 정치적 요구들을 충족시킬 필요성도 대두되었다.

그 과정에서 일시적으로 독재자가 출현하는 등 귀족정의 위기를 겪고 난 후 기원전 508년 클레이스테네스가 주도한 제도적 개혁을 통해서 오늘날 민주주의 제도의 근간이 되는 체제가 만들어지게 되었다. 시민권을 소유한 성인 남성 시민들이 모두 정치에 참여할 수 있는 그 체제는 직접민주주의의 원형이 되었다.

민주주의의 요람으로 기억되는 고대 도시국가 아테네 아크로폴리스의 모습

아테네를 중심으로 한 그리스 도시국가들이 페르시아 제국의 침입을 성공적으로 방어한 페르시아 전쟁 (기원전 492-448) 이후 페리클레스의 시대(기원전 461-429)에 아테네에서는 민주주의가 꽃을 피우게 되고 아테네는 정치와 문화에 있어서 전성기를 맞이하게 된다. 당시 원칙상 시민권을 가진 모든 성인남성이 참여하는 민회는 대략 9일 에 한 번씩 개최되었으며, 국운이 걸린 중요한 사안일 경우 민회 참석자 수가 6천명(시민인 성인 남성의 1/8)에 달했다. 민회는 전쟁과 평화, 타국과의 조약과 동맹, 시민권의 부여, 관리의 선출과 감사, 세금의 부과 등 국가의 거의 모든 중요 업무를 최종 결정하는 회의기구였다. 페리클레스 시대가 끝날 때 쯤 아테네는 그리스의 또 다른 도시국가이자 아테네의 강력한 경쟁국가인 스파르타와 전쟁을 시작한다. 그 전쟁이 펠레폰네소스 전쟁(기원전 431-404)이다. 아테네는 이 전쟁에서 패함으로써 쇄락의 길을 걷게 되었고 기원전 338년에는 그들이 야만인으로 간주하였던 마케도니아의 필립포스 2세(알렉산드로스 대왕의 아버지)에 멸망하였다.

소크라테스가 재판을 받았던 기원전 399년은 아테네가 펠레폰네소스 전쟁에서 패한 후 국력이 쇠퇴해가고 있던 시기였다. 이 시기 아테네는 정치적 혼란을 겪으면서 한 동안 스스로 민주주의를 폐지하고 독재적인 임시정부를 수립하기까지 하였다. 그러나 독재의 폭정 속에서 민주주의의 소중함을 알게 된 아테네는 전통적인 민주주의를 다시 회복하려는 노력을 하게 되었다. 아테네가 독재에서 민주주의로 복귀할 무렵 소크라테스는 억울한 고소를 당한 후 재판을 받게 되었던 것이다.

∙◦ 소크라테스의 재판

소크라테스의 기원전 399년의 재판과 죽음은 역사 속에서 끊임없이 사람들의 호기심을 유발해 왔다. 왜냐하면 그의 재판과 관련된 여러 가지 문제들이 당시 아테네인들의 문제에만 그치지 않고 오늘날에 이르기까지 중요한 시사점을 제공하고 있기 때문이다. 소크라테스가 그의 나이 70세에 받았던 재판에 대한 정보는 소크라테스의 '변명'(apology, apologia: 변론)이란 제목으로 여러 명의 작가들이 저술한 책들을 통하여 간접적으로만 전해지고 있다. 소크라테스의 변명은 소크라테스가 재판에서 자신의 무죄를 스스로 변론한 기록으로 간주되고 있다. 특히 그의 제자 플라톤이 스승의 재판기록으로 저술한 변명에는 위대한 한 철학자의 삶과 죽음에 대한 심오한 통찰이 담겨져 있기 때문에 그 책은 오늘날까지 중요한 서양의 고전 가운데 하

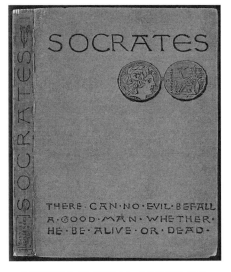

소크라테스의 변명이 수록되어 있는
1883년 출판된 영어 번역판의 표지

나로 간주되고 있다. 이 장에서는 플라톤이 기록한 변명 속에 담겨 있는 통찰을 통해서 바른 삶 혹은 의미 있는 삶이 어떤 것인가라는 고민을 함께 하게 될 것이다.

기원전 399년 소크라테스는 멜레토스의 고소로 인해서 피고 신분으로 재판정에 서야만 했다. 당시 아테네 정계의 유력인사였던 아니토스의 사주를 받았던 멜레토스의 소크라테스에 대한 고발장의 내용은 다음과 같다: "소크라테스는 시민들이 믿는 신들을 믿지 않은 죄, 그리고 새로운 신들을 들여와서 퍼트린 죄를 범하고 있다. 그는 또한 젊은이들을 타락시킨 죄를 범하고 있다. 형벌로서는 사형을 제안한다." 이 고발장의 내용에 의하면 소크라테스는 종교적 불경죄와 젊은 이들을 타락시켰다는 혐의로 기소되었던 것이다. 이 정도의 혐의로 사형을 선고할 수 있을까라

고 질문할 수 있다. 그러나 당시 그리스에서 종교는 가족과 국가 생활에 밀접하게 연관되어 있었기 때문에 불경은 배심원들의 판단에 따라서 단순히 신들에 대한 모욕일 뿐만 아니라 아테네 공동체(국가)에 대한 모욕으로 간주될 수 있었고, 따라서 국가안보에 위협이 되는 것으로도 간주될 수 있었다. 그리고 소크라테스가 재판받을 당시 아테네에는 참담한 폭정으로 인한 정치적 불안정에 대한 기억이 살아있었기 때문에 여론은 소크라테스에게 불리했을 것이라는 것을 쉽게 짐작할 수 있다.

소크라테스는 자신에 대한 고소에 대하여 재판장에서 스스로 변호해야만 했다. 그가 재판에서 자신을 위해서 변론한 내용을 담고 있는 글이 소크라테스의 변명이다. '변명'의 핵심적인 내용은 그가 자신의 죄라고 고발된 내용을 부인하고 그가 평생 해왔던 일과 자신의 사상을 변론한 것으로 이루어져 있다. 당시 정계의 유력인사였던 아니토스가 소크라테스 고발의 배후에 있었다는 점과 민주정치 회복 이전에 폭정을 행했던 정치인들 몇 명이 소크라테스와 친분을 유지했었다는 점들을 고려해 볼 때 아마도 이 재판에는 복잡한 정치적 권력다툼이 중요한 원인으로 작용했을 수도 있었을 것이라고 여겨지고 있다.

당시 아테네에서 누군가가 어떤 사람을 고소하게 되면 재판을 통해서 그 문제를 해결하였다. 재판에서 피고는 스스로 변호를 해야만 했고, 변론이 끝나면 피고의 유무죄 판결이 배심원단의 투표에 의해서 내려졌다. 일단 판결이 내려지면 항소할 수 없었다. 배심원들이 사건에 관해 토의할 기회도 없었다. 그저 배심원들은 변론을 들은 후 한사람씩 자신의 판결지를 유죄와 무죄를 판별하는 항아리에 넣었고 검표를 통해서 결과가 즉각 발표되었다. 소크라테스는 유죄 280표, 무죄 220표를 얻었다. 배심원단의 반수 이상이 소크라테스를 유죄로 판결한 사실은, 변론에서도 언급되고 있지만 그의 사상과 가르침이 오래 전부터 동시대 아테네 시민들의 취향에 맞지 않았으며 수상쩍게 비쳐지고 있었다는 점을 알려주고 있다.

피고의 유죄가 입증되면 배심원단은 또 다시 투표를 통해서 이제는 형벌을 정해야 했다. 형벌을 선택하는 방식은 다음과 같다. 원고와 피고가 각각 형벌을 제안하고 그 가운데 하나를 선택하기 위해 투표를 한 번 더 하게 된다. 멜레토스(원고)는 사형을 요청하였고, 소크라테스는 자신에 대한 혐의를 인정할 수 없다는 내용의 답변을 하면서 벌금형을 제안하였다. 만약 소크라테스가 살기를 원해 저자세로 변론을 했으면 충분히 살아남을 수 있었을 것이다. 그러나 소크라테스는 목숨을 구걸하기 위해 자신의 신념과 철학을 부인하기를 원하지 않았기 때문에 소크라테스의 변론 내용과 태도는 배심원들에게는 너무 오만하고 공격적인 것으로 간주되었던 것 같다. 말하자면 소크라테스의 강경한 태도가 배심원들의 비위를 상하게 했던 것이다. 그 결과 배심원 가운데 80명이 입장을 바꾸어 사형 지지자가 360명이 되었고 벌금형에 투표한 자는 140명밖에 되지 않았다. 형벌이 집행되기 전에 감옥에 있던 소크라테스는 탈주하여 아테네 국외로 도망치라는 지인들의 설득을 거절한 채 한 달 후 독배를 마셨고, 이내 고통 없는 죽음을 맞이하였다.

이상에서 살펴보았던 재판과정은 아테네의 재판절차가 엄밀한 의미의 아마추어리즘에 입각해 있었다는 사실을 보여준다. 전문적인 검사도, 경찰도, 직업적 변호사도 없었다. 재판의 배심원은 30세 이상의 시민들 가운데서 선출된 자들이었다. 당시 아테네는 해마다 자원자로 구성된 6천 명의 배심원 명부를 작성하였고, 모든 재판마다 배심원 명부에서 필요한 인원이 추첨으로 선발되었다. 따라서 배심원단에는 수당을 받기 위해 나온 극빈자도 있었을 것이고, 소일거리 삼아 배심원 직무를 맡았던 노인들도 있었을 것이고, 여가를 활용해 시민적 의무를 다하려 했던 부유층도 있었을 것이다. 배심원단이 법률지식을 가진 전문가들을 중심으로 구성된 것이 아니라는 점은 명확하다. 고소인은 직접 기소를 하여야 했고, 피고는 직접 변론을 하는 형식이었다.

◆ 소크라테스의 변론: 바른 삶에 대한 소명

모든 재판과정은 구두로 진행되었고, 속기록을 하는 속기사도 없었고, 고발장과 판결문 이외에는 아무런 공식적 기록도 남지 않았다. 그렇다면 어떻게 변명이 기록될 수 있었을까? 당시 법정에서 재판 과정을 지켜보고 있었던 한 젊은이가 있었으니 그가 이후 서양철학사의 중요한 한 흐름의 물꼬를 텄던 당시 28세의 플라톤이었다. 그는 소크라테스가 독배를 마신지 몇 년 후 자신이 기억한 스승의 변론 내용을 책으로 만들었고 그 책에 변명이란 제목을 붙였다. 엄밀한 의미에서 변명은 플라톤이 제작한 현란한

라파엘로가 그린 플라톤

드라마 작품이라고 볼 수 있는 것이다. 물론 그 내용은 비록 소크라테스가 변론했던 핵심을 기억을 되살려 정리된 것이라고 간주되지만 소크라테스가 법정에서 실제로 그렇게 말한 것이라고 생각할 수는 없다. 우리의 기억이 얼마나 불완전한지는 모두 알고 있기 때문이다. 소크라테스의 재판에 대한 이야기는 플라톤이 감동 어린 필치로 서술한 변론, 즉 소크라테스의 말이 아니라 엄연히 플라톤의 작품이다. 우리는 변론을 사실로서가 아닌 플라톤이 의도한 자신의 스승에 대한 신화 만들기 과정으로 읽어야 할 것이다.

물론 '변론'의 사실성 문제는 우리의 관심이 아니다. 우리가 관심을 가지는 내용은 변론 속에 담겨있는 삶에 대한 태도에 관한 부분이다. 이제 플라톤이 소크라테스의 입을 빌어 기술한 변론

의 내용들을 살펴보면서 그 책에 담겨 있는 바른 삶에 대한 소명이 어떤 것이며, 소크라테스가 그것에 어떤 의미를 부여했는지를 살펴보자. 변론에서 소크라테스는 자신이 세인들로부터 미움을 받은 이유를 설명한다. 그는 지혜롭다고 세인들의 평가를 받는 사람들- 부유하고, 똑똑하고, 권력을 가진 사람들 등 -을 찾아가서 선과 미가 무엇인지 그들에게 질문하였다. 그들이 만족스러운 대답을 하지 못하면 소크라테스는 직설적으로 그들이 지혜로운 사람이 아니라고 면박을 주었다. 소크라테스는 스스로를 그 사람들보다 지혜롭다고 재판장에서 변론하였다. "왜냐하면 그들은 모르고 있으면서도 스스로 알고 있다고 생각하지만, 나는 나 자신이 모르고 있다는 사실을 알고 있기 때문이다." 당시 사회의 저명인사들을 찾아가서 그들의 무지를 일깨웠던 소크라테스가 그들로부터 미움을 받게 된 것은 지극히 당연한 결과였다.

그렇다면 소크라테스는 왜 스스로 사회의 권력층으로부터 미움을 받을 일을 자처했던가? 그것은 그가 자신의 직업에 대한 소명의식이 철저했기 때문이었다고 생각된다. 변명에서 소크라테스는 자신이 신으로부터 지혜를 사랑하는 자(철학자)로서의 사명을 받았다고 스스로 밝히고 있다. 다시 말해서 소크라테스는 철학자로서의 자신의 직업에 대한 소명의식을 가지고 있었던 것이다. 그러한 이유로 그는 위험을 각오하고서라도 성찰 없이 살아가는 사람들에게 옳은 것과 아름다운 것에 대한 고민을 하게 만들었던 것이다. 죽음이나 다른 어떤 압박이 두려워서 신이 자신에게 부여한 철학자로서의 길을 포기할 수 없다는 재판정에서의 강변을 통해 우리는 소크라테스가 자신의 직업에 대하여 가지고 있는 직업의식을 확인할 수 있다. 심지어 그는 지혜를 추구하는 삶을 그만두면 살려준다는 제안을 하더라도 "나에게 목숨이 붙어 있는 한, 그리고 내가 할 수 있는 한, 나는 지혜를 사랑하고 추구하는 일을 결코 중지하지 않을 것"이라고 소신을 가지고 말할 수 있었던 것이다.

나에게 목숨이 붙어 있는 한, 그리고 내가 할 수 있는 한, 나는 지혜를 사랑하고 추구하는 일을 결코 중지하지 않을 것이다.

아테네 시민 여러분, 인간은 자기가 처해 있는 곳이 어디이건 그곳에 머물러 어떠한 위험도 무릅써야하며, 죽음이나 그 밖의 어떤 것을 치욕보다(명예를 지키는 것보다)먼저 생각해서는 안된다고 나는 생각합니다.

소크라테스는 재판정에서 바른 삶에 대한 자신의 소명의식을 변호하는 데에 그치지 않고 아테네 시민들이 바른 삶에 대한 확실한 소명을 가져야 한다고 가르치기까지 하였다. "아테네 시민 여러분, 인간은 자기가 처해 있는 곳이 어디이건 그곳에 머물러 어떠한 위험도 무릅써야 하며, 죽음이나 그 밖의 어떤 것을 치욕보다 먼저 생각해서는 안 된다고 나는 생각합니다." 배심원단의 우호적 판결을 원했다면 소크라테스는 변호인에게 저자세를 취하면서 그들을 동정심을 유발할 수도 있었을 것이다. 그러나 소크라테스는 목숨을 구걸하기 위해 스스로 확신하는 바른 삶과 자신의 신념을 포기하지 않았다. 오히려 그는 어떠한 위험을 각오하고서라도 바른 삶을 살면서 명예를 지키는 것을 우선으로 삼아야 한다고 아테네의 시민들을 질책하듯 가르치고 있다.

어떠한 위험을 무릅쓰고라도 바른 삶을 살면서 자신의 명예를 지키는 것을 우선으로 삼으라는 이러한 가르침은 오늘을 살아가는 우리에게도 분명한 메시지를 전달해 준다. 세월호 사건의 예를 들어보자. 만약 세월호가 침몰할 당시 선장이 자신의 직업에 대한 분명한 소명의식을 가졌더라면, 그는 적어도 더 많은 사람들의 목숨을 살릴 수 있었을 것이고 동시에 자신의 명예를 지킬 수 있었을 것이다. 그러나 그는 자신만의 목숨을 생각하면서 자신의 직업적 사명을 저버리면서 침몰하는 배에서 가장 먼저 탈출함으로써 온 국민적 지탄의 대상이 되었고, 치욕을 얻게 되었던 것이다. 그는 분명 잘못된 삶을 살았다고 비난 받아 마땅한 것이다.

소크라테스는 재판정에서 자신을 변론하는 것을 넘어서서 사람이 어떤 가치를 가지면서 살아야 할 것인가라는 질문도 던졌다. "(아테네 시민 여러분) 당신은 어떻게 하면 가능한 한 많은 돈과 명예와 지위를 손에 넣을 수 있을까 하는 데에만 모든 관심을 기울이고 있으며, 지혜와 진리에 대해서는 거의 관심을 기울이지 않고, 어떻게 하면 영혼을 가장 완전하게 만들 수 있을까 하는 데에는 전혀 관심을 기울이지 않고 있습니다. 그에 대해 당신은 부끄럽지도 않습니까?" 이 같은 질타는 많은 사람들이 돈과 권력만을 지상의 가치로 추구하며 살아가는 오늘날 우리시대의 모습에도 여전히 적용될 수 있는 꾸짖음이다. 이러한 그의 꾸짖음에서 오늘 우리는 자유로울 수 있을까?

소크라테스는 다음과 같이 당당하게 말한다. "나는 사람들에게 돈에서 덕이 생기는 것이 아니라, 덕에서 돈뿐만 아니라 사적으로나 공적으로나 인간에게 유익한 모든 것이 생긴다고 가르칩니다. 만일 이러한 가르침이 젊은이들을 타락시키고 있다면, 나는 유해한 인간일 것입니다. (…) 나를 석방하시던지 석방하지 않으시던지 하십시오. 설사 내가 여러 번 죽임을 당하게 되더라도, 나는 내가 하고 있는 일이 아닌 다른 일을 결코 하지 않을 것입니다."

그는 유죄 판결 후 자신의 형벌을 제안하는 자리에서도 자신의 신념에서 물러서지 않았다. "나는 (…) 여러분 하나하나에게 먼저 당신과 자신을 돌보시오. 당신 사적인 이익을 추구하기보다는 덕과 지혜를 추구하시오. (...) 이것이 당신이 어떤 행동을 할 때 준수해야 할 순서요라고 설득시키려고 노력해 왔습니다." 그리고 이러한 진술에서 우리는 감형을 구걸하는 자의 비굴한 모습이 아닌 자신이 살아온 삶에 대한 소명과 확신이 가득 찬 위대한 철학자의 모습을 발견할 수 있는 것이다. 그는 목숨이 걸려있는 스스로의 변호를 자신의 목숨을 구걸하는 수단으로 사용한 것이 아니라 아테네 시민들에게 바른 삶에 대한 고민을 할 수 있게 만드는 기회로 삼으면서 자신의 직업에 충실하였다. 그리고 그는 사형판결에 대한 두려움에 굴복하지 않았던 것이다. 사형판결 이후에도 그는 이와 같은 자신의 선택에 후회하지 않는다고 당당하게 선언할 수 있었다. "나는 다른 사람들과 같은 비굴한 태도를 취함으로써 살아남기보다는 나의 방법을 취함으로써 죽는 편이 훨씬 낫다고 생각합니다. (...) 여러분, 어려운 것은 죽음을 피하는 것이 아니라 악을 피하는 것입니다. 즉 악에게 붙잡히지 않는 것이 죽음에게 붙잡히지 않는 것보다 훨씬 어려운 일입니다."

우리는 재판정에서 사형을 확정 받았던 소크라테스가 재판이 끝난 후 각자의 자리에서 삶을 영위해야할 아테네 시민들에게 던졌던 최후 진술을 통해 한 위대한 철학자의 삶에 대한 고귀한 통찰과 깊은 고민을 읽을 수 있다.

"이제 떠나야 할 시간이 되었습니다. 이제 우리는 각기 우리의 길을 가야 합니다. 나는 죽기 위해, 여러분은 살기 위해. 그러나 어느 쪽이 더 좋은 길인지는 신만이 알고 계십니다."

독배를 마시는 죽음 순간에도 당당한 모습의 소크라테스

삶을 향해 난 길이 더 좋은 길인지, 아니면 죽음으로 가는 길이 더 좋은 길인지 아무도 단정할 수 없다는 이 고민 섞인 질문에 대한 답변은 오늘 우리가 이 순간 어떤 삶을 꿈꾸며 살아가고 있는지의 여부에 따라 달라질 것이다. 이 질문에 대한 나의 대답은 무엇인가?

★ 내가 생각하는 바른 삶과 내가 가지게 될 직업에 대한 소명은 어떤 것일까?

★ 소크라테스는 자신이 여러 번 죽임을 당하게 되더라도, 그가 하고 있는 일이 아닌 다른 일을 결코
하지 않을 것이라고 했다. 자신의 일에 대한 이같은 소크라테스의 신념을 나는 어떻게 바라보는가?

★ 소크라테스의 최후 진술처럼 누군가 나에게 삶으로 향한 길과 죽음으로 향한 길 가운데 어느 길이
좋은가라고 물으면 나는 무슨 대답을 할 수 있을까? 그 이유는 무엇인가?

프랑스의 작가 알베르 카뮈(Albert Camus)
는 1942년 발표한 소설 이방인의 첫 문장을
"오늘 어머니가 죽었다. 아니 어쩌면 어제"라
는 충격적인 문장으로 시작하고 있다. 카뮈가
그려내는 소설의 주인공 뫼르소는 자신의 어머
니가 언제 죽었는지조차 중요하지 않다고 생각
하는 삶을 살아가고 있는 인물로 묘사된다.
그는 어머니의 장례식 장에서는 오랫동안 보지
못했던 관에 덮인 어머니의 마지막 모습을 보
는 것조차 불필요하다고 생각해서 거부한다.

알베르 카뮈 (1913 - 1960)

장례식을 마친 다음날 바다를 찾아서 이전에 알았던 한 여자를 우연히 만나게 되고, 그녀와 코미디
영화를 본 후 그날 밤 그녀와 정사를 나눈다. 그리고 며칠 후 그는 바닷가에서 우연한 다툼에 휘말려
태양에 눈이 부셔 사람을 총으로 쏘아 죽인다.

뫼르소는 단지 바다와 태양과 쾌락, 그리고 일상의 익숙함에만 만족하면서 세상의 일에 대해서
는 정신적 불감증을 가진 듯 무관심하게 살아가는 인물로 그려지고 있다. 소설의 마지막 부분에
카뮈는 다음과 같이 뫼르소의 독백을 묘사하고 있다:

"아무것도 중요한 것은 없다. 나는 그 까닭을 알고 있다. … 내가 살아온 이 부조리한 생애 전
체에 걸쳐, 내 미래의 저 밑바닥으로부터 항시 한 줄기 어두운 바람이, 아직도 오지 않은 세월을
거쳐 내게로 불어오고 있다. 내가 살고 있는, 더 실감난달 것도 없는 세월 속에서 나에게 주어지
는 것은 모두 다, 그 바람이 불고 지나가면서 서로 아무 차이 없는 것으로 만들어버리는 것이다.
다른 사람의 죽음, 어머니의 사랑, 그런 것이 내게 무슨 중요성이 있단 말인가?"

Question: 마치 세상에 권태를 느끼고 있는 뫼르소처럼 나 역시 나의 삶과 나의 꿈이 아무래도
상관없다고 생각하면서 세상을 살아가고 있는 것은 아닌가? 만약 내가 뫼르소에게 충고를 한다면
나는 그에게 무슨 말을 해줄 것인가?

황제의 권력 앞에 선 루터: 죽음 앞에서 양심을 지킨 용기

타자의 거울로서 두 번째 바라볼 역사적 인물을 통해 우리는 용기라는 키워드에 대해 고민할 것이다. 그 인물은 세계의 역사가 이전과는 다른 모습을 가지고 나아가는 것을 가능하게 만들었다는 역사적 평가를 받고 있는 종교개혁가 루터이다(1483-1546). 이 장에서 우리는 당시 유럽에서 가장 큰 권력을 가진 신성로마제국의 황제 앞에서 죽음을 무릅쓰고 자신의 신념과 사상을 포기하기를 거부한 루터의 용기를 거울에 담게 될 것이다. 루터라는 한 역사적 인물을 통해 한 청년의 삶에 대한 고민에서 시작하여 황제의 앞에 서게 되기까지 삶의 이력 그리고 옳다고 생각한 것을 지키려는 결단 등을 바라보면서 우리는 세상을 살아가는 데에 반드시 필요한 신념과 용기에 대한 고민을 하게 될 것이다.

마르틴 루터의 초상화

1505년 7월 16일 에어푸르트(Erfurt)라는 독일의 한 도시에서 한 청년 법학도가 지인들을 초대한 파티가 열리고 있었다. 즐겁고 거나하게 치러진 파티가 저물어 갈 때쯤 그 법학도는 파티에 참석하였던 지인들에게 그동안 감사했다는 내용의 작별인사를 하였다. 마치 그날 밤 이후로는 그를 다시 볼 수 없을 것이라는 암시를 하는 인사말이었다. 영문을 몰랐던 지인들 가운데는 분위기와 술에 취해 나온 말이라고 생각한 사람도 아마도 있었을 것이다. 파티가 끝나고 사람들은 제각기 집으로 돌아갔고 그 법학도는 그날 밤 바로 짐을 싸서 아우구스티누스파 수도원으로 들어갔다. 그 청년 법학도가 오늘 우리의 타자의 거울에 담길 종교개혁가 마르틴 루터이다.

루터는 1483년 아이스레벤(Eisleben)의 가난한 농부 가정의 아들로 태어났다. 야망을 가졌던 그의 아버지 한스 루터는 농촌을 떠나 광산에서 광부로 일을 하게 되고 사업 수완을 발휘하여 조그마한 광산업주가 된다. 그리 큰 부자는 아니었지만 자신의 아들을 대학에서 공부시킬 정도의 재산은 모았던 것이다. 에어푸르트에서 대학생활을 시작한 루터는 1505년 오늘날의 학부과정을 마치게 된다. 야망이 컸던 루터의 아버지는 이후 루터가 사회적 지위를 보장해주는 출세의 지름길인 법학을 공부하기를 원했고 루터는 아버지의 뜻을 따라 1505년 5월 법학공부를 시작했다. 그리고 두 달이 지난 7월 16일 루터는 학업을 포기하고 수도사의 길로 들어갔던 것이다.

마르틴 루터의 아버지 한스 루터와 어머니 마가레테 루터

우리는 왜 루터가 갑작스럽게 출세의 길을 마다하고 수도사가 되려고 했는지 정확히 알지 못한다. 전해지는 여러 가지 이야기들은 루터가 길을 가다가 번개에 맞을 뻔 했고, 그때 넘어지면서 "성 안나여 살려 주소서, 수도사가 되겠습니다!"라고 기도했다고 한다. 이 서원을 지키기 위해 그가 수도사가 되었다는 이야기도 있다. 전해지는 많은 이야기들에 의하면 루터는 죽음에 대한 강한 공포를 가졌다. 친한 친구의 죽음, 흑사병으로 인한 두 친형제의 죽음, 공포에 기인한 스스로의 자살 시도 등, 루터는 끊임없이 죽음에 대한 공포를 가졌고 자주 우울증에 빠졌다고 한다. 루터 스스로도 죽음의 공포와 고통이 마치 거대한 벽처럼 자신을 둘러싸고 있다고 언급하곤 하였다. 루터의 친구이자 동료 신학자였던 멜란히톤(Melanchthon)의 보고에 의하면 우울증과 암울함이 그 시대에 만연한 일반적인 표정이었다고 한다. 말하자면 '죽음의 춤(dance of death)'이 세상 삶의 허무함을 극단적으로 표현해주었던 그런 시대를 루터는 살았던 것이다. 그런 시대에서 루터는 의심할 수 없는 절대적

당시 사람들은 만연한 죽음의 공포로부터 벗어나기 위해 '죽음의 춤'을 희화화하여 표현하곤 했다.

인 권위를 찾았던 것 같다. 그것이 그의 수도원 행의 작은 이유 가운데 하나가 될 수가 있을 것이다. 한 가지 분명한 점은 루터는 공포에 기초하고 있던 중세 경건주의가 낳은 대표적인 인물이라는 사실이다.

그의 수도사의 생활도 신앙의 갈등으로 가득 차 있었다. 말년에 루터는 수도사 생활 때 가졌던 신앙의 절망적 상태를 다음과 같이 회고하고 있다:

"비록 나는 비난받을 일이 없는 수도사로 살았지만 나는 내가 신 앞에서 불안한 양심을 가진 죄인임을 느꼈다. [...] 나는 신을 사랑할 수가 없었다. 그랬다, 나는 죄인을 정죄하는 신의 의를 증오하였다. 그리고 혼자서 몰래 신에게 화가 나있었다."

이 구절에서 우리는 구도의 길을 정진하는 한 신앙인의 치열한 내면적 갈등을 읽을 수 있다. 루터가 보기에는 인간은 어떤 노력을 해도 신이 요구하는 의를 충족시킬 수가 없었고 그의 진노에 맡겨져야 했던 것이다.

이러한 그의 영적갈등을 해결하는 결정적인 전환을 루터는 비텐베르크(Wittenberg)에서 맞게 된다. 1512년 신학 박사학위를 취득한 루터는 비텐베르크 대학의 성서해석학 교수가 된다. 1515-16년 경 루터는 로마서 강해를 하는 도중 로마서 1장 17절[1]을 접하게 되고 드디어 자신을 괴롭혀왔던 문제의 해결에 이르게 된다. 이 구절을 통하여 루터는 인간이 신 앞에서 의롭게 되는 것이 인간 스스로의 노력에 의해서가 아니라 신이

비텐베르크 대학에 면죄부에 반대하는 95개조 반박문을 붙이는 모습.

거저 주는 선물인 은혜라는 사실을 인식하게 된다. 인간은 단지 겸손하게 그 선물을 믿음으로 받으면 되는 것이었다. 자신을 그토록 괴롭혔던 신의 진노는 신의 은혜 앞에서 빛을 잃게 되었으며, 인간은 자신의 노력이 아닌 그리스도에 대한 믿음을 통하여 구원에 이를 수 있다는 사상을 루터는 이때부터 확실하게 가지게 된다. 그리고 이 사상은 이후 종교개혁 사상가들의 기본적인 신학적 틀을 이루게 된다.

---

1) 로마서 1장 17절: "복음에는 하나님의 의가 계시돼 믿음으로부터 믿음에 이르게 합니다. 기록되기를 '의인은 믿음으로 살 것이라'라고 한 것과 같습니다."

일개 수도사요 자그마한 대학의 교수였던 루터가 역사의 전면에 나서게 되는 것은 어쩌면 우연의 결과로 볼 수도 있다. 전통적인 설명에 의하면 1517년 10월 31일 루터가 비텐베르크 대학 정문에 면죄부(면벌부)에 반대는 95개조의 반박문을 대자보 형식으로 붙인 것에서 종교개혁이 시작되었다고 한다. 오늘날 개신교는 이날을 종교개혁의 시작으로 기념하고 있다. 그러나 이 설명은 정확하지가 않다. 1960년대 말 이후 독일의 루터 연구가들은 지금까지 루터 측근의 한 사람이 손으로 쓴 메모를 잘못 읽어 왔다는 사실과 대자보 사건의 사료로 이용하였던 다른 증거자료의 신빙성이 거의 없다는 것을 발견하였기 때문이다. 지금은 루터가 대학 정문에 95개조의 테제를 직접 붙이지 않았다는 것이 정설로 받아들여지고 있다. 다만 루터는 다른 사람을 시켜 면죄부에 대한 공개 토론의 초대장을 성문에 붙이게 하였을 것이라고 추정하고 있을 뿐이다. 정설로 알려진 바로는 루터는 1517년 10월 31일자로 두 통의 편지를 썼다. 그 중 한 통은 교황 레오 10세와 담합 하여 8년 동안 자신의 교구에서 면죄부 판매 전권을 획득했던 막데부르크(Magdeburg)와 마인쯔(Mainz)의 대주교인 알브레히트(Albrecht)에게 보냈고, 다른 한 통은 자신의 상급자인 브란덴부르크(Brandeburg) 주교 히로니무스(Hieronymus)에게 보냈다. 루터는 이 편지 속에서 면죄부 판매의 성서적 부당성을 지적하고 시정을 촉구하였으며 자신의 반박문-처음에는 93개조였다-을 동봉하여 언제든지 이 문제를 토론할 준비가 되어 있다는 뜻을 겸손하게 전했다고 한다. 중요한 것은 이 테제가 1518년 초에 95개조 인쇄되어 급속도로 퍼졌고 당시 누구도 예상할 수 없었던 강력한 반향을 불러일으킴으로써 종교개혁의 전주곡이 되었다는 사실이다.

루터가 처음부터 로마 교회와의 결별을 생각했던 것은 결코 아니었다. 여전히 경건한 수도사였던 루터는 당시 독일에서 면죄부 판매를 위한 설교 내용의 신학적 부당성을 지적하는 자신의 노력을 교황청이 칭찬 할 것이라고 기대하였을 수도 있다. 그러나 루터에게 돌아온 것은 칭찬이 아니라 호된 꾸지람을 동반한 청천벽력 같은 호통이었다. 이때부터 놀랍게도 루터는 원하지 않았지만 자신이 로마 교회에 대한 혁명적 공격의 선봉에 서 있는 것을 발견하게 된다. 로마 교황청은 루터의 이단 심문을 요구하면서 루터를 로마로 소환하려 하였지만 루터의 제후였던 작센(Sachsen)의 프리드리히(Friedrich der Weise) 선제후의 노력으로 1518년 10월 아우구스부르크(Augsburg)에서 심문이 개최되었다. 이때 루터는 자신의 테제를 철회하기를 요구 받았고 루터는 그것을 거절하였다. 교황청은 루터의 로마로의 소환을 명령했지만 프리

종교개혁의 와중에서 루터를 보호한 프리드리히 선제후

드리히는 그 명령을 받아들이지 않았다. 1519년 라이프찌히(Leipzig)에서 신학자 에크(J. Eck)와의 논쟁에서 루터와 로마와의 신학적 대립이 분명히 드러나게 되자 교황청은 1520년 6월 15일 파문을 경고하는 칙서를 루터에게 보내어 60일 안에 이 칙서에 입장을 표명하기를 요구하였다. 루터는 자신의 입장을 표명하는 대신 이 경고장을 공개적으로 불태워 버렸다. 이 사건을 계기로 로마교회와의 단절을 더 이상 되돌릴 수 없게 되었던 것이다.

루터를 보름스 제국의회로 소환한 신성로마제국 황제 카를 5세

이 와중에서 1520년 10월 23일 아헨(Aachen)에서 신성로마제국 황제의 관을 썼던 카를 5세(Karl V)는 루터로 인해 제국에 회오리치는 종교의 문제를 해결하기 위해 보름스(Worms)의 제국의회로 루터를 소환하였다. 카를 5세는 루터의 입장에 동조하고 있는 제후들을 고려해서 루터에게 신변의 안전을 보장한다는 조건으로 루터가 보름스에 출두해서 자신의 입장을 표명할 기회를 주었다. 그러나 사실 황제의 신변안전보장은 그리 믿을 만한 것이 못되었다. 루터 이전의 종교개혁가 얀 후스(Jan Hus) 역시 신변의 안전을 보장하는 황제의 약속을 받고 콘스탄츠(Konstanz)의 종교회의에 갔다가 1415년에 이단으로 몰려 화형을 당했기 때문이었다. 이러한 사실을 알고 있었던 루터의 많은 친구들은 루터가 보름스에 가는 것을 말렸다고 한다. 만약 루터가 보름스에서 자신의 뜻을 철회하지 않는다면 루터의 안전을 누구도 보장할 수 없었기 때문이었다.

그러나 루터는 친구들의 만류에도 불구하고 보름스로 가는 뜻을 굽히지 않았고 1521년 4월 16일 보름스에 도착하였다. 보름스에서는 많은 사람들이 이미 유명인사가 되었던 루터를 보기위해 몰려들었으며 황제의 군사가 루터를 인도함으로써 모든 사람들이 황제가 루터를 호위하고 있다는 사실을 알 수 있었다. 교황의 사신인 알레안더(Aleander)는 이러한 호위가 이단자의 신분에 걸맞지 않는다고 분노하였다고 한다. 군중들을 뚫고 어렵게 숙소에 도착하고서도 루터는 휴식을 취할 수가 없었다. 그날 오후 내내 루터의 숙소는 방문자들로 들끓었기 때문이다. 어떤 사람들은 루터를 격려하기 위해서, 다른 사람들은 루터를 협박하기 위해서, 또 어떤 사람들은 그냥 루터의 얼굴이라도 보기 위해서 방문하였다. 이러한 번잡함 가운데서 루터는 아무리 용감한 자들이라도 자신의 운명을 좌우하게 될 큰 결단을 앞에 두고서 가지게 되는 긴장과 두려움 같은 것을 가졌을 것이다.

1521년 4월 17일 드디어 보름스의 제국의회에서 루터의 심문이 개최되었다. 한낱 일개 수도승이자 시골 대학의 교수에 불과했던 루터는 신성로마제국의 황제인 카를 5세와 독일의 귀족들,

그리고 유럽의 각 나라들에서 모인 최고 귀족들과 사신들 그리고 교황의 사절단 앞에 서야만 했다. 그곳에 참석한 인사들의 면면을 보면 그 회의는 독일의 제국의회라기 보다는 국제적인 정상 회담의 성격을 가지고 있었다.[2] 회의장에 참석한 사람들은 고위 귀족을 제외하고는 모두 서있어야만 했다. 그들은 좀 더 잘 보고 잘 듣기 위하여 서로 밀치고 당기는 자리다툼을 하였다. 회의장 앞쪽에는 그때까지 루터의 신학적 견해를 담아내었던 저술들 -"독일민족의 기독교 귀족들에게 고함"[3], "교회의 바벨론 유수에 관하여"[4], "그리스도인의 자유에 관하여"[5] 등- 이 쌓여 있었다.

보름스의 제국의회에서 황제 앞에 선 종교개혁가 루터

드디어 심문이 시작되었다. 트리어(Trier) 대주교의 법률관이 루터가 두 가지 질문에 대한 답변을 위해 황제에 의해 소환되었음을 밝혔다. 첫 번째 질문은 앞쪽에 쌓여있는 책들이 루터의 저작임을 인정하는가라는 물음이었고, 두 번째 질문은 그 저술의 내용들을 철회할 용의가 있는가라는 물음이었다. 한 미천한 수도승이 당시 유럽의 최고의 권력자와 당시의 지배적인 종교계 전체 앞에서 자신의 사상과 신앙의 내용을 철회하도록 강요받고 있는 순간이었다. 전해지는 얘기에 의하면 루터는 약간은 두려움이 베인 낮은 목소리로 이 글들이 자신의 저작임을 시인했다고 한다. 루

---

2) 회의에는 황제와 황제의 자문단 외에 스페인 대공들, 이태리에서 두 명의 교황의 대사, 사보이, 베네치아, 덴마크, 폴란드, 헝가리 등의 제후들, 자신의 국왕의 선전포고문을 지참했던 프랑스 사신, 영국의 사신 등이 참석하였다. 독일 귀족들도 참석했지만 전면에 나서지 못할 정도였다.
3) An den christlichen Adel deutscher Nation.
4) Von der babylonischen Gefangenschaft der Kirche.
5) Von der Freiheit eines Christenmenschen.

터의 지지자들은 루터의 겁먹은 목소리에 실망을 하였고, 루터의 적대자들은 만족하고 자신감에 넘쳤다. 그들은 루터가 겁에 질려있다고 생각하였다.

루터의 전기 저자인 프리덴탈(Richard Friedenthal)은 당시 루터가 가졌던 두려움을 다음과 같이 묘사하고 있다:

> "그는 자신의 황제 앞에 나아가기를 두려워하였다. [...] 황제는 자신의 권력을 신으로부터 부여 받았고, 자신이 원하는 대로 행할 수가 있었다. 루터는 또한 다른 종류의 두려움을 가졌다. 다른 무엇보다 두려웠던 것은 한 개인에 불과한 자신이 세계의 전체를 대표하는 권위에 정면으로 맞선 다는 것이, 그것도 단지 그의 양심에만 의존하여 맞선다는 것이 무엇을 의미하는지 너무나 분명 했기 때문이다. [...] 또한 그것은 그에게는 단지 신학적인 논쟁 이상을 의미하고 있었다. 무력이 아닌 말씀이 승리해야 하기 때문이었다."

두 번째 질문에 대한 대답을 위해 루터는 생각할 시간을 달라고 부탁하였고 루터는 생각을 정리할 하루의 시간적 여유를 얻었다. 루터는 서면으로 답변을 제출하거나 미리 작성한 내용을 읽을 수가 없으며, 그 자리에서 구두로 자유롭게 답변해야 한다는 명령을 받았다. 많은 사람들이 무슨 얘기들이 오고 갔는지 몰라서 서로가 서로에게 어떻게 되었느냐고 물었기 때문에 회의장은 웅성거림으로 들끓기 시작했다. 음향시설이 오늘날 같지도 않고 여러 가지 언어들이 공명되는 공간에서의 혼란스러운 정황을 우리는 충분히 떠올릴 수가 있다. 그런 혼잡을 뒤로하고서 루터는 다시 숙소로 돌아왔고, 자신에게 주어진 하루라는 시간의 여유를 자신이 다음날 하게 될 대답을 준비하는데 보냈을 것이다. 그리고 또 하루가 지났다.

회의장에는 전날 보다 더 많은 사람들이 모여들었다고 한다. 그만큼 더 혼잡스러웠을 것이다. 다시 회의장에 출두한 루터에게 황제는 또다시 자신의 저술들 속에 담겨져 있는 신학적 견해들을 철회하기를 요구하였다. 대부분의 사람들은 전날 보인 루터의 겁에 질린 태도로 인해서 루터가 굴복할 것을 예상하고 있었다. 그러나 루터는 자신의 저서들을 세 종류로 분류하고서 각각의 종류들에 담긴 견해를 철회할 수 없다는 내용을 성서를 인용하면서 논리적으로 상세하고 분명하게 대답하였다. 그리고 그는 만약 자신의 견해가 틀렸다는 것을 성서에 의해서 증명할 수가 있다면 자신은 기꺼이 자신의 견해를 철회할 것이며 자신이 앞장서서 자신의 저서를 불 태워 버릴 것이라고까지 말하였다.

루터가 자신의 적대자들의 예상을 뒤집어엎고 자신의 뜻을 분명히 밝히자 회의장에는 동요가 일어났다. 여기저기서 환호와 적대감을 담은 고함소리들이 뒤섞여 터져 나와 회의장을 진동시켰다. 독일어를 이해하지 못하는 외국인들은 라틴어로 통역해달라고 요구를 하였다. 거의 탈진할 지경에 있었던 루터는 기꺼이 자신의 변론을 라틴어로 다시 반복하였다. 권력에 의지해서 루터를 굴복시키려는 자들의 의도가 완전히 빗나가려고 하는 순간이었다. 제후들과 황제의 위원회는 의논을 하기 위해서 잠시 이층의 다른 방으로 자리를 옮겼다가 다시 회의장으로 돌아왔다. 그리고 심문관은 사상을 철회할 것인지 아니면 철회를 거부할 것인가라는 물음을 다시 한 번 더 물어보라는 명령을 받았다. 회의는 종국으로 치닫고 있었다. 마지막으로 황제의 대변인은 루터에게 긴 말 필요 없이 철회할 것인지 아닌지를 분명히 밝히라는 최후통첩성의 명령을 내렸다. 일단 철회를 하면 황제가 자비를 베풀어 줄 것이라고 말하였다. 분명한 어조로 철회를 하지 않게 될 경우 제거되어서 영원히 잊히게 될 것이라고 말했다. 즉 거절은 죽음을 의미할 수 있다는 사실을 분명히 하였다.

루터는 다시 입을 열었고 그의 대답은 전날의 두려움과 공포는 흔적도 찾아보기 힘들 정도로 당당하고 명쾌하였다. 우리는 루터가 정확하게 무슨 말을 하였는지는 알지 못한다. 연구서 마다 약간씩 보고의 내용이 다르기 때문이다. 적어도 확실한 점은 루터가 당시 그 자리에 서 있었고 자신의 사상을 철회하라는 명령에 "그럴 수 없다"라고 분명히 대답했다는 사실이다. 우리는 여러 루터 연구서들을 통해 루터가 아마 다음과 같은 내용의 마지막 답변을 하였을 것이라고 재구성할 수는 있다:

"존엄하신 폐하와 높으신 분들께서 단순 명료한 답변을 요구하시므로, 저는 아무런 주석도, 단서도 붙이지 않고 대답하겠습니다. 만약 제가 성서의 증거나 명백한 이성에 의해서-저는 교황이나 종교회의의 결정만을 신봉할 수는 없습니다. 왜냐하면 그것들은 명백하게 틀렸거나 서로 모순된 경우가 많았기 때문입니다-다른 확신을 가지게 되지 않는 이상은, 저는 저의 양심과 신의 말씀에 사로잡혀 있습니다. 따라서 저는 어떤 것도 철회할 수가 없으며, 또한 그것을 원하지도 않습니다. 왜냐하면 양심에 거슬려 행하는 것은 안전하지도, 옳지도 않기 때문입니다. 저는 다른 결정을 할 수가 없습니다. 제가 여기 섰으니 신이여 나를 도우소서. 아멘!"

일개 수도사가 자신의 명령을 거부함으로써 모욕감을 느낀 황제는 자신의 신하들에게 그를 끌어내라는 신호를 하고서 회의장을 떠나버렸다. 회의장은 혼란에 빠지기 시작하였다. 무질서와 혼란과 고함소리들이 얽혀 거의 통제가 불가능할 것 같았다. 무장한 사람들이 루터 주위에 몰려들었다. 황제의 호위병들이 루터를 급히 회의장 밖으로 데리고 나갔다. 문 앞에 서 있던 스페인에서

Hier stand ich. Gott helfe mir!
(제가 여기 서 있으니 신이여
나를 도우소서!)

따라온 황제의 종자들이 루터를 따라오면서 스페인어로 Al fuego! Al fuege!를 (화형 시켜야해! 화형 시켜야해!) 외쳤다. 어쩌면 루터도 후스처럼 화형을 당할 수도 있었던 위태로운 순간이었다. 다행히 그 말을 알아들을 수 있는 사람들이 그 주위에 별로 없었던 것 같다. 불충분한 의사소통으로 인한 혼란은 적어도 그 당시 바로 그 자리에서 피를 보는 싸움이 일어나는 것을 막아주었다. 다행히 그 혼란이 루터에게는 바로 생명을 의미하였던 것이다. 보름스를 떠난 루터는 프리드리히 선제후의 보호 하에 한 동안 바르트부르크 성에 칩거할 수 있었고 독일에서 종교개혁은 들불처럼 번져나가게 되었던 것이다.

루터가 피신한 바르트부르크 성

바르트부르크 성 안에 있는 루터의 방

이 세상의 최고의 권력 앞에서 죽음의 위협을 무릅쓰고 단지 개인의 양심에 따라 그 권력의 의지를 거스르는 결정을 한다는 것이 얼마나 어려운 일인가를 우리는 너무나 잘 알고 있다. 루터는 당시 최고의 권력 앞에서 자신의 신앙과 양심에 따라서 자신의 사상을 철회하기를 거부하였고, 그의 용감하고 결단성 있는 행동은 종교개혁의 거대한 물결이 계속 흐를 수 있는 길을 만들어 주었던 것이다. 루터의 신학적 입장과 정치적 입장의 문제에 대한 논쟁들은 루터에 대한 여러 가지 다양한 평가를 가능하게 한다. 그러나 적어도 보름스에 서 있었던 루터의 용기 있는 행동은 루터에 대한 평가가 어떻게 내려지게 되더라도 퇴색하지 않을 것이라는 생각이 든다. 루터, 그는 비록 보잘 것 없는 촌구석의 작은 개인이었지만 그가 죽음의 위협 앞에서도 양심을 포기하지 않고 신념을 버리지 않았을 때 역사가 기억하는 위대한 한 인물로 우뚝 설 수가 있었던 것이다.

★ 우리는 거울에 비친 루터의 모습을 보면서 어떠한 반성적 작업을 이끌어 낼 수 있을까? 나는 세상을 살아가면서 절대 포기할 수 있는 신념을 가지고 있는가? 그 신념은 무엇인가?

★ 나의 양심은 도덕적 결단 앞에서 어떤 힘을 주고 있는가?

★ 솔직히 나는 신념과 양심에 의거해서 죽음 앞에서도 의연할 수 있다고 생각하는가? 아니면 왜?

신 교수가 기억하는 타자의 거울

처음 독일로 유학 왔을 때 얼마동안 쾰른에서 살았었다. 어학코스를 마치고 정식으로 대학공부를 시작했을 때는 말 그대로 미친 듯이 공부를 했었다. 수업 듣는 시간을 빼고는 언제나 중앙 도서관을 찾았고, 중앙 도서관이 저녁 무렵 비교적 일찍 문을 닫았기에 학생식당에서 저녁을 먹고는 자정 전까지 문을 여는 법대 도서관으로 자리를 옮겼다. 거의 매일 그곳에서 도서관 문 닫기 15분전 울리는 딩동댕 종소리를 들을 때까지 공부를 했던 적이 있었다. 그리고는 함께 공부를 했던 지인의 빨간색 딱정벌레(케퍼) 차를 얻어 탔고, 카 오디오를 통해 언제나 흘러나왔던 조용필의 "서울, 서울, 서울"을 들으면서 향수에 잠긴 채 어둠이 짙게 깔린 이국의 도시에서 지친 하루를 마감하곤 했었다. 당시 나에게는 열정 같은 것이 있었고 젊음의 패기와 꿈이 있었던 같다.

그 시절 도서관을 다니면서 지금도 내 기억에서 지워지지 않고 있는 두 사람을 알게 되었다. 정확히 말하면 한사람은 서로가 서로를 알았다고 하기 보다는 내가 옆에서 지켜보기만 했던 관계였다. 한 사람은 대략 50대 중반쯤 되었고, 다른 한 사람은 60대 중후반쯤 되어 보였다.

중앙 도서관에서 거의 매일 볼 수 있었던 덥수룩한 수염을 가진 50대 중반의 남자는 칼 마르크스를 완전 빼다 밖은 얼굴을 가지고 있었고, 복장은 숲 속에서 수렵을 하고 살아가는 사냥꾼의 그것이었다. 수공으로 만든 것 같은 가죽 장화 같은 것을 신었고, 동물의 가죽을 말려서 만든 것 같은 웃옷을 걸치고 있었다. 공부를 할 때는 항상 가죽 장화를 벗어 가지런히 놓았고, 가죽 조각 같은 것을 바닥에 깔고는 털양말을 신은 두발을 그 위에 올려놓았다. 책상 위에는 언제나 누렇게 색이 바랜 고서들이 서너 권 이상 쌓여 있었고, 쓸 때마다 잉크를 찍어야하는 펜으로 노트 정리를 하였었다. 잘은 몰라도 철학책 같은 것을 보는 듯 했고 무언인가를 저술하기 위해 연구한 내용을 정리하는 듯 했다. 자리가 비어있는 틈을 타서 가끔 빽빽하게 필기된 공책에 시선을 던졌고, 그 사람의 멋진 글씨체가 왠지 모르게 나의 마음을 사로잡았던 기억이 지금도 생생하다.

언제나 거의 같은 복장으로 나타났던 그는 변변한 직업과 가진 재산도 없어 보였고, 세상살이의 흐름을 타는 데는 실패한 인생 같아 보였지만 모든 것을 잊고 책에 빠져 몰입해 있는 그의 모습이 가졌던 위엄과 기풍은 10년 이상이 지난 세월의 공백을 넘어서도 나의 뇌리에 뚜렷이 각인되어 있다. 그가 공부를 하고 있을 때 얼핏 훔쳐보았던 그 사람의 눈은 도무지 이 세상을 살아가는 사람이 가진 눈이라고 보기 어려울 정도로 맑고 강렬한 안광을 발산하고 있었다.

저녁을 먹고 법대 도서관으로 자리를 옮기면 60대 중후반의, 세상을 살아갈 날이 얼마 남지 않았다는 사실을 쉽게 알아볼 수 있는 노인을 만날 수 있었다. 그 노인과는 복도에서 가끔 얘기도 나누었던 기억이 있다. 그때까지 내가 보아왔던 사람들 중에 가장 박학다식했었던 그 노인의 삶은 한마디로 전형적인 낙오자의 삶이었다. 쭈그러들고 등이 굽었던 몸에 걸쳤던 초라하고 낡은 겉옷과 너덜너덜 찢어져서 그 기능성을 이미 상실한 노인의 검은 구두는 실패한 인생살이의 흔적을 극명하게 보여주고 있었다.

들리는 이야기에 의하며 그는 학자의 길을 가려 했지만 자신의 지도교수와 다른 학문적 견해 때문에 학위도 취득하지 못하고, 학자로서의 보장된 길을 갈 수 없었던 사람이었다. 그럼에도 불구하고 그는 공부하는 것은 포기할 수 없어 밤 11시 넘어서까지 도서관을 지켰던 한 초라한 노인이었다. 늦은 밤까지 언제라도 무너질 것 같았던 몸뚱이를 책상에 기댄 채 얼굴과 책이 거의 닿을 것 같은 간격에서 피로에 찌든 노안으로 힘들게 꾸역꾸역 책을 읽어 가시던 외로운 한 할아버지의 모습을 잊을 수가 없다. 무엇을 위해서였을까? 두 손바닥만으로도 충분히 감싸 버릴 수 있을 것 같았던 작은 머릿속에 세상의 모든 지식을 담고 싶었던 것처럼 비쳤던 초라한 노인의 미련스럽기까지 한 굽히지 않는 집요함, 끈기, 집념...

오늘 문득 나는 그 두 남자에 대한 기억이 마치 두 개의 거울이 되어 그 사이에 어색하게 서있는 나의 현재를 비추고 있다는 착각에 빠져든다. 그 거울들이 당신은 이 지상에서 당신의 하루를 무엇을 위해서 그리고 무슨 생각을 가지고 버티어내고 있는지는 나에게 묻고 있다는 착각에 빠진다. 그리고 나는 허영과 욕망에 찌든 내 치부의 속됨과 저속함을 들켜버린 것 같은 수치심에 휩싸여, 추억도 향수도 아닌, 그저 정체불명의 불편한 그늘을 드리우는 과거 속의 어느 거울에 둘러싸인 가련하고 벌거벗은 나의 자화상을 그저 망연히 응시하고 있었던 것이다.

2006년 어느 봄날 마부르크 대학 도서관에서 과거를 회상하며...

Question: 나는 내가 기억하는 타자의 거울을 가지고 있는가? 만약 있다면 그 거울 속에는 누가 담겨있나?

3 히틀러와 홀로코스트: 삶의 일그러진 광기와 비극

타자의 거울로 바라보게 될 마지막 인물은 앞선 두 개의 거울과는 다른 종류의 반성을 이끌어 낼 것이다. 지금까지 바라본 타자의 거울 -소크라테스와 바른 삶에 대한 소명의식, 루터와 신념에 기초한 용기 있는 행동 등 - 들은 우리가 삶을 계획하고 꿈을 품을 때 본받아야할 모범이 될 수 있는 거울들이었다. 이 장에서 우리는 지난 두 개의 거울과는 대립되는 일그러진 거울을 들여다 볼 것이다.

이 장에서 우리가 바라볼 거울 속에 담긴 인물은 아집과 광기로 역사상 가장 끔찍한 비극을 자행한 독일의 정치인 아돌프 히틀러이다. 그는 수천만 명에 이르는 사상자를 포함하여 인류 역사상 가장 참혹한 피해를 남긴 2차세계대전을 일으켰을 뿐만 아니라 600만 명의 유대인들을 단지 그들이 유대인이라는 이유만으로 살해한 장본인이다. 우리가 그의 왜곡되고 끔찍한 인생의 거울을 바라보는 이유는 우리가 꾸는 꿈들이 다 아름다운 것이 아니며 모든 꿈들이 다 실현되는 것이 아니라는 서글픈 현실을 반추해보면서 반성되지 않은 꿈들이 가지는 위험을 경고하기 위해서다.

아집과 광기에 사로잡힌 히틀러

우리는 위대한 철학자 소크라테스를 통해서 올바른 삶과 소명에 대한 고민을 하였고, 종교개혁가 루터를 통해서 신념과 양심과 용기 등이 가지는 위대함과 가치에 대한 반성을 하였다. 행복하고 올바른 삶을 계획하고, 꿈을 품고, 그 꿈을 실현해 가는 과정에서 삶에 대한 분명한 신념과 그 신념을 이루기 위한 열정은 반드시 필요하다. 그러나 스스로 행복하기 위해 가지는 신념과 열정들이 타인에 대한 사랑과 배려 없이 자신만을 위해 추구되고 올바름과 바른 삶에 대한 진지한 반성 없이 추구될 때 신념은 아집이 되며, 열정은 광기로 돌변하게 된다는 사실을 히틀러의 거울을 통해 발견할 수 있게 되기를 바란다.

히틀러의 성장기: 정권장악 이전까지

아기 때 히틀러. 이 순박한 아기가 희대의 악인이 될 줄 누가 생각할 수 있겠는가?

우리는 사실 히틀러의 유년시절에 대해서는 잘 알지 못한다. 그의 청년시절에 관해서는 그의 자서전 "나의 투쟁"에서 간단히 언급하고 있는 것을 제외하면 별로 알려져 있지 않기 때문이다. 출생당시 아버지 알로이스 히틀러(Alois Hitler)는 오스트리아의 국경세관원 관리였다. 그의 세 번째 부인인 클라라 푈츨(Klara Pölzl)이 히틀러의 어머니였다. 아마도 부모님의 잦은 이사 때문에 히틀러가 어린 시절 정상적인 학교생활을 영위하는 것이 무척 힘들었을 것이라는 추측이 가능하다. 히틀러는 초등학교시절에는 비교적 좋은 학생으로 평가받았지만, 여러 번 전학해야만 했던 실업계 직업학교(Realschule)에서는 공부에 대한 의욕이 없었고 그 결과 성적도 좋지 않았다. 히틀러는 13세 되던 해에 아버지를 여의게 되었고, 공부에 대한 반발 및 지병으로 인한 허약한 건강 때문에 2년 후에는 결국 졸업도 하지 못하고 학교를 떠나고 말았다. 정상적인 교육과정마저 이수하지 못했던 것이다.

히틀러의 아버지 알로이스 히틀러

히틀러의 어머니 클라라 히틀러

초등학교 시절 히틀러 학급사진. 가장 윗줄 중간에 있는 아이가 히틀러이다.   자신감 있는 표정의 히틀러

　자신처럼 관리가 되기 원했던 아버지의 희망과는 달리 어린 소년 아돌프는 열악한 환경 속에서도 자신만의 꿈을 가지고 있었다. 그는 그림을 그리는 것을 좋아하였고 화가를 천직으로 택해 살아가기를 원했던 것이다. 적어도 청년기에 히틀러는 일관성을 가지고 자신의 꿈을 쫓아갔다. 그는 1905년 16세의 나이로 화가가 되고 싶은 꿈을 실현하기 위해 비인의 미술대학교(Wiener Kunstakademie)에 입학하기 위하여 집을 떠나 비인으로 갔다. 그러나 1907년 10월 그는 미술대학 입시에 낙방하였고 엎친 데 덮친 격으로 그해 12월 어머니마저 사망하게 된다. 그러나 히틀러는 꿈을 포기하지 않았다. 직업교육을 받은 후 안정적인 직장을 구하라는 친척의 권유를 뿌리친 채 그는 미술대학 입학을 포기하지 않았던 것이다. 어머니로부터 물려받은 약간의 유산과 1908년부터 1913년까지 받았던 고아연금을 통해서 생활을 연명하면서 히틀러는 비인에 머물면서 화가가 되려는 노력을 포기하지 않았다.

　그러나 모든 사람들에게 그렇듯 히틀러에게도 인생은 만만하지가 않았던 것이다. 행운은 누구에게나 찾아오는 것은 아니었고, 삶은 원하는 길만 갈 수 있는 그런 만만한 길이 아니다. 히틀러는 1908년 두 번째 입학시험에서도 낙방하고 말았다. 그는 아마도 낙망하였을 것이다. 그는 꿈이 좌절되는 것을 경험하였을 것이다. 충분한 수입이 없었던 히틀러는 재정난으로 거처를 여러 번 옮겨 살면서 이후 몇 년 동안 비인에서 말할 수 없이 힘든 고생을 하게 된다. 먹고 살기 위해 공사장 인부로서 연명을 하면서 한때는 건축설계를 독학하기도 하였고, 1910년부터는 미술대학을 다니는 화가로 사칭하고 그림을 팔면서 어렵게 생계를 꾸려가야만 했던 것이다. 생활고를 벗어나기 위해 그는 사기를 치는 것도 마다하지 않았던 것이다. 당시 히틀러와 함께 기숙사에서 함께

비인 미술대학에 입학하기에는
부족했던 히틀러의 그림

거주하면서 히틀러를 알게 되었던 하니쉬 (Karl Hanisch)가 전하는 바에 의하면 히틀러는 영양섭취가 부실해 허약했고, 얼굴이 홀쭉했고, 너덜너덜한 옷을 입고 먹고살기 위해서 그림을 그렸다.

히틀러가 비인에서 보내었던 수년간의 기간은 그에게 있어서 인격이 형성되는 아주 중요한 시기였다. 그는 생활고 속에서도 당시 강렬한 독서욕에 불타 있었다. 각종 정치관계 서적은 물론 닥치는 대로 모든 책들을 읽었다. 특히 그는 독일의 몰락을 구하고 독일을 세계지배국가로 이끌게 하는 사이비 사상들이 무분별하게 표현되었던 독일 민족주의 사상들과 반유대주의 저서들을 집중적으로 읽었다. 한 사람이 어떤 종류의 책을 통해 자신의 정신세계를 구축하는가 하는 여부는 그 개인의 인성 발전과 필연적인 연관성을 가지고 있다는 사실을 우리는 알고 있다. 히틀러는 자신의 비루한 삶에 대한 불만을 타인에 대한 증오로 전환하는 그러한 내용의 독서를 했고 이러한 독서는 이후 그가 권력을 장악했을 때 인류에게 결코 용서받지 못할 범죄를 저지르는 것을 가능하게 만들었다.

1913년 히틀러는 비인에서의 비참한 삶을 정리하고 바이에른 주의 뮌헨으로 이사를 하였다. 그가 이사를 하게 된 중요한 이유는 오스트리아 군대에 입대를 피하기 위해서였다. 실제로 히틀러는 오스트리아 군대에 대한 불신을 가졌고 그러한 이유로 오스트리아에서 병역의무를 회피하기 위해 지속적으로 신분을 속여 왔던 것이다. 이러한 신분세탁을 경력에서 지우기 휘해 히틀러는 정권을 잡은 후 1938년 오스트리아를 병합하였을 때 오

히틀러가 그린 비인 오페라하우스 전경

스트리아에서 자신이 이전에 위조하였던 공문서들을 은폐하려는 시도까지 하였다. 히틀러가 뮌헨으로 간지 얼마 안 됐을 무렵 오스트리아로부터 체포영장을 들고 온 수사관들이 히틀러를 체포하

게 된다. 체포의 근거는 히틀러가 오스트리아 군 징집을 거부하고 독일로 도망갔다는 이유 때문이었다. 1914년 1월 오스트리아 경찰에 체포되었던 히틀러는 오스트리아 영사관으로 이송되어 1914년 2월 결국 오스트리아에서 징병검사를 받게 된다. 징병검사 당시 히틀러는 몸이 허약하여 군복무를 할 수 없다는 진술을 하였고, 무기를 다룰 능력이 없다는 이유로 입영 부적격 판정을 받았다.

히틀러 자신의 설명에 따르면 히틀러가 병역을 거부한 것은 몸이 허약해서가 아니었다. 병역 거부의 진짜 이유는 슬라브족과 유태인으로 혼탁한 오스트리아군에서 군복무를 하고 싶지 않았기 때문이었던 것이다. 이미 여러 민족들이 혼합되어 있는 오스트리아를 히틀러는 조국으로 생각하지 않았던 것이다. 그는 순수 독일인들로만 구성된 독일 제국을 자신의 조국이라고 간주했던 것이다. 그가 오스트리아의 징집을 거부한 것도 그러한 인종주의적인 이유 때문이었다.

히틀러는 다시 뮌헨으로 돌아왔고, 얼마 지나지 않아서 그는 뮌헨에서 1차세계대전 발발의 소식을 듣게 된다. 히틀러는 당시 대부분의 유럽인들처럼 그는 1차세계대전의 발발에 열광하였다. 그리고 그는 자발적으로 바이에른 군대에 입대하여 1차세계대전에 참전하였다. 그의 군 생활에 대한 그의 동료들의 증언에 의하면 그는 상관에게는 맹목적으로 복종하였고, 결코 불만을 말하지 않았다고 한다. 그러한 이유로 전우들은 그를 "하얀 까마귀"라고 비난하기까지 하였다. 전우들의 증언에 따르면 그는 담배도 피지 않았고, 술도 마시지 않았고, 친구들이나 가족들 이야기를 한 마디도 하지 않았고, 당시 군인들에게 일반적인 욕구해소 통로인 사창가를 찾지도 않았다. 그는 시간이 나면 구석에 앉아 몇 시간 동안 혼자서 책을 읽거나 사색에 빠지거나, 그림을 그렸다. 이렇듯 히틀러는 동료들과의 교류 대신 스스로 혼자만의 세계로의 고립을 선택하였고 그의 고립은 그의 독선적이고 광적인 사상을 미리 암시해주는 듯 했다.

동료들로부터 '하얀 까마귀'라는 별명을 얻었던 1차세계대전 당시의 히틀러

히틀러 치하의 나치주의

히틀러는 1933년 1월 독일에서 권력을 장악한 이후 지체 없이 자신이 운명이라고 믿었던 임무, 즉 독일 민족의 신비로운 보호자로서의 임무에 착수하였다. 나치주의로 정리될 수 있는 그 임무는 아리안 족이 지배하는 유럽의 새로운 질서를 창조하는 것이었다. 나치주의의 핵심적인 사상은 실패한 정치적 소요로 인해 투옥되었던 1923/24년 감옥에서 히틀러가 집필하여 1925년 출판된 자서전 "나의 투쟁" 속에 이미 골격을 갖추고 있었다.

나의 투쟁에서 히틀러는 반유대주의 사상을 독일 민족주의의 정치적 목표와 결합시켰다. 그는 인류의 역사는 인종들의 투쟁의 역사이며 불가피하게 강한 자가 자신의 권리를 관철하게 된다는 당시의 인종주의 사상에 기초하여 자신의 일그러지고 왜곡된 사상을 발전시켰다. 인종주의는 인종들의 불평등을 기본적인 전제로 하는 비인간적이며 사이비 학문이었지만 히틀러는 인종주의를 맹신하였고 그것을 자신의 사악한 정치의 도구로 이용하였다. 그에 의하면 아리아 인종, 특히 독일인이 핵심을 이루고 있는 북유럽 백인종이 가장 강한 인종이며, 세계지배의 운명을 가지고 있는 인종이었다. 그는 아리아 인종의 불구대천의 원수가 유대인이며 그들도 세계지배를 추구하

'나의 투쟁' 책 광고

기 때문에 유대인종은 멸절되어야 한다는 결론을 내렸다. 유대인들이 단지 불순한 피를 전파한다는 이유로 히틀러는 유대인의 몰살을 꿈꾸기 시작했던 것이다.

인종주의와 결합시켜 히틀러는 타자를 전혀 배려하지 않은 독선적인 이데올로기를 발전시켰다. 히틀러는 아리아인이 지배인종으로 살아가기 위해 독일인들에게는 정당한 생활공간(Lebensraum)이 필요하다고 주장하였다. 그것은 사실상 무력을 통한 동유럽으로의 독일영토 확장을 의미하는 선언이었다. 히틀러의 정치적 계획에서 정복을 통한 동유럽에서의 생활공간의 확보는 동시에 유대적인 볼세비키주의(소련)의 멸절과 동유럽의 게르만화를 목표로 삼고 있었다. 구체적으로 독일인들을 동유럽으로 이주시키고 동유럽의 거주민들을 추방시키거나 노예화시키는 구상을 현실화하는 것이었다. 따라서 히틀러는 나치의 독일제국이 우랄산맥까지 무력으로 정복을 해야 한다고 생각하였다. 동유럽의 정복은 나치 전쟁의 일차적인 목표이며 근본적으로 새로운 질서를 가지게 될 유럽에서 독일의 패권유지와 지속적인 경제적 자급자족을 위한 수단이 되어야 했다. 이처럼 히틀러의 생활공간 이데올로기는 독일인들만을 위한 아집이며 동유럽에서 살아가고 있던 다른 국민들의 평안은 안중에

도 없는 독선에 불과하였다. 사이비 인종주의 관점에서 규정되는 열등한 인종은 히틀러에 의하면 삶의 권리를 가지고 있지 못하였다. "강자는 지배해야만 하며 약자와 혼합되어 강자에게 고유한 위대함을 희생할 수 없었다." 그는 슬라브 인종은 국가형성의 능력을 가지지 못한 열등한 인종이기 때문에 게르만족의 지배를 받는 것이 당연하다고 생각했던 것이다.

히틀러는 정권을 장악한 뒤 독선과 아집으로 가득한 이러한 망상을 실천하기 시작했다. 그는 정권장악 이전부터 독일 내부적으로는 아리아인들 가운데 약자들에 대한 숙청작업을 주장하였다. 유전병을 가진 가임여성들을 강제 불임시술 시켜야 한다고 주장했을 뿐만 아니라 쓸모없다고 생각되는 인간(사회적 약자)들의 안락사를 요구하기까지 하였다. 히틀러의 정권장악 이전인 뉘른베르크 나치 전당대회에서 그는 "만약 독일에서 매년 1백만 명의 신생아가 출산되고, 70만 정도의 약자(대부분이 장애인)들이 제거된다면, 결국에는 독일의 국력이 증가할 것이다"라고 말하기까지 하였다. 그가 숙청할 사회적 변종들로 분류된 대상들은 장애인들, 집시, 동성애자, 기독교적 평화주의자 등이 속해 있었다. 그리고 정권을 잡은 후에는 그는 자신의 망상을 구체화하는 정책을 한 치의 망설임도 없이 감행하였던 것이다.

히틀러는 또한 민주주의의 기본원칙인 권력분립과 의회주의를 부정하고 이에 맞서 지도자원칙(Führerprinzip)이란 일인 독재체제를 독일에서 관철시켰다. 그에 의해서 국가와 당의 모든 권력은 민족의 지도자인 히틀러 자신에게 귀속되어 갔다. 그리고 국민들에게는 독일민족의 지도자는 신으로부터 세상을 정화시키는 사명을 부여받았다는 사상을 주입시켰다. 이러한 생각들을

하일 히틀러!!! 히틀러에게 충성을 맹세하는 나치주의자들

정당화하고 국민들에게 이데올로기적으로 강요하기 위해서 히틀러가 행한 교육정책 중에 역사교과서 국정화가 있었다는 사실은 우리에게도 시사해주는 바가 크다.

2차세계대전과 홀로코스트

히틀러의 일그러진 광기는 2차세계대전과 홀로코스트에서 그 절정을 맞이하였다. 히틀러는 자신의 정치적 목표를 무력으로 달성하기 위해서 1939년 8월 30일 폴란드 침입을 시작으로 2차세계대전을 일으켰다. 세계대전은 당시 세계인구 3%에 이르는 7천만 명(5천만 명으로 추산하기도 함)의 사상자의 수치가 상징하듯 인간의 파괴성에 대한 경종을 울리면서 막을 내렸다. 전대미문의 사상자 수는 한 사람의 광인에 의한 인간존엄에 대한 침해가 얼마나 가혹할 수 있는가 하는 사실을 극명하게 보여주고 있다.

그리고 2차세계대전 중에 범해졌던 홀로코스트 사건은 인간의 존엄성 침해에 대한 잔혹함의 극단을 보여준다. 홀로코스트(Holocaust)는 그리스어 hólos(전체)+kaustós(타다)에서 유래하는 용어로서 제2차 세계 대전 중 히틀러가 이끈 나치당이 독일 제국과 독일군 점령지 전반에 걸쳐 계획적으로 유태인과 슬라브족, 집시, 동성애자, 장애인, 정치범 등 약 1천1백만 명의 민간인과 전쟁포로를 학살한 사건을 의미한다. 사망자 중 유태인은 약 6백만여 명으로, 그 수치는 당시 유럽에 거주하던 9백만 명의 유태인 중 약 2/3에 해당한다. 유태인 어린이만 약 백만 명 정도가 죽었으며, 여자 약 2백만 명과 남자 약 3백만 명이 죽은 것으로 파악되고 있다. 유태인과 기타 피해자들이 독일 전역과 독일 점령지의 약 4만여 개의 시설에 집단 수용, 구금되어 가혹한 행위에 시달리가 죽음을 맞이해야만 했던 것이다.

가장 악명 높은 수용소인 아우슈비츠 수용소 입구 모습

히틀러에 의한 이러한 유대인에 대한 박해와 학살은 단계적이며 계획적으로 진행되었다. 먼저 1935년 제정된 뉘른베르크 법을 비롯하여 유태인을 사회에서 배척하는 각종 법령들이 세계 대전 발발 전에 제정되었다. 또한 집단 수용소를 지은 후 수감자들을 각종 강제노역에 동원하였고, 이들은 대부분 과로사하거나 병사하였다. 동유럽 점령지의 경우, 특무부대(Einsatztruppe)라는 나치의 무장 단체가 100만 명이 넘는 유태인과 정치사범들을 총살했다고 알려졌다. 시간이 흐르면서 독일군은 유태인과 집시들을 게토에 수용한 후 화물 열차에 실어서 집단 학살 수용소로 이송했다. 이동을 하는 도중 화물 열차에서도 많은 사람들이 죽어갔고 살아남은 이들은 차례대로 가스실에서 죽음을 맞이하였다. 이 학살에는 독일 관료제 전체가 관여했다고 알려져 있고, 한 홀로코스트 학자는 이 때문에 독일의 제3제국을 "학살국가"라고 칭하기도 하였다.

홀로코스트 희생자들의 사진

전쟁 말기 히틀러는 자신의 측근들의 배신이 알려지고 전쟁의 패배가 분명해지자 자신의 정부였던 에바 브라운과 1945년 4월 29일 결혼식을 거행하였다. 그리고 그 다음 날인 4월 30일 베를린의 지하 벙커에서 에바 브라운은 음독자살을 하였고, 히틀러는 권총으로 자살을 하였다. 자살직전 작성한 유언장을 통해서 히틀러는 전쟁의 책임을 외국의 정치인들과 유대인들에게 전가하고 자기는 특히 독일군 수뇌부의 배반에 의해서 희생되었다는 괴변만을 늘어놓은 후 스스로 세상을 하직하였던 것이다.

우리는 일그러진 히틀러의 거울을 보면서 어떤 반성을 할 수 있을까? 나치의 역사를 서술한 한 역사가는 나치주의의 전개와 그 원인을 추적한 사람들은 결국에는 아연실색을 금할 수밖에 없다고 말한다. 그토록 엄청나며 무의미한 희생이 어떻게 그렇게 오랫동안 국민들의 동의를 얻을 수 있었을까? 그토록 끔찍하고 치욕적인 일들을 자행했고 급기야 전 국민을 파국으로 몰고 간 이 집단적인 망상을 도대체 어떻게 이해할 수 있단 말인가? 그 역사가가 던졌던 질문이다.

나치주의에 대한 해명을 시도하는 여러 설명들이 있지만, 히틀러의 거울을 바라보면서 우리가 관심을 가지는 문제의식은 히틀러 개인의 삶과 생각에 관한 질문이다. 악마에게 영혼을 팔았던 파우스트 같은 미치광이 한 사람의 왜곡된 삶이 국민 전체에 불행을 가져왔을 뿐만 아니라 인류 전체에게 치욕과 오명을 남길 수 있다는 사실을 잊어서는 안 될 것이다. 물론 무관심 내지 광신적인 의지에 맹종으로 일관한 대다수 독일 국민의 수동적 태도도 히틀러 같은 전대미문의 폭군을 만들어내는 데에 일정부분 기여했다는 사실도 잊어서는 안 될 것이다.

히틀러가 개인적인 이익이나 영광만을 추구했다고 보기는 힘들다. 그가 지칠 줄 모르고 추구한 것들은 이성을 초월한 집념, 즉 맹신에 기반 한 그의 그릇된 신념에서 출발하였다. 히틀러는 미치광이가 되어 모든 건전한 이성적 기준들을 무력화시켜 버렸고 인간 존엄성에 대한 자신의 깊은 경멸을 잔혹하게 분출하였다. 어떤 일에 대한 절대적인 가치부여와 집착과 열정에는 언제나 이러한 위험이 도사리고 있다. 독선과 아집으로 자신을 절대화시킴으로써 광기에 빠진 한 인간의 모습에서 우리는 도대체 어떤 교훈을 얻을 수 있을 것인가? 거울을 보면서 반성을 한다는 것은 나에게 무슨 의미를 가지는 것일까? 히틀러의 거울을 통해서 어떤 반성의 형상들을 발견할 수 있을 것인가? 이러한 질문들에 대한 대답은 각자의 몫으로 남을 것이다.

그럼에도 불구하고 이 자리에서 분명하게 언급하고 싶은 한 가지는 스스로를 절대화시키는 일의 위험성에 대한 환기이며, 우리는 반성이란 작업을 통해서 절대화의 오류에서 벗어나 자신을 상대화 시킬 수 있는 힘을 얻게 된다는 사실이다. 자신을 상대화 시킬 수 있을 때 비로소 타자에 대한 따뜻한 시선을 던질 수가 있게 되는 것이다. 행복한 삶, 의미 있는 삶, 멋진 삶 등 각자가 간직한 아름다운 미래에 대한 꿈은 이처럼 자신을 상대화 시킨 바로 그 지점에서 출발해야 할 것이다.

홀로코스트 희생자들의 남겨진 신발

★ 어디서부터 히틀러의 삶이 일그러지기 시작했다고 생각되는가?

★ 히틀러의 거울이 나의 꿈을 위해 던져주는 반성은 무엇인가?

★ 나의 꿈의 어떤 부분이 타인의 삶에 대한 배려를 포함하고 있는가?

　타자의 거울이란 제목으로 세 사람의 역사적 인물들의 삶의 이야기와 그들이 삶에 대하여 가졌던 태도들에 관하여 고민하고 반성하는 시간을 가졌다. 거울의 방 속에서 거울에 비친 그들의 모습들이 거울을 들여다보는 여러분들에게 어떤 메시지와 반성의 실마리를 던져주었는지 궁금하다. 여러분들은 어떤 구체적인 삶의 고민과 현실적 문제들을 가지고 그 거울들을 응시했는가?

　타자의 거울이란 방을 나올 때가 되었다. 거울을 보며 여러분들이 머리에 담았던 이미지들이, 사유들이, 고민들이 어떤 것이든 그 반성의 작업들이 여러분들의 꿈을 키우고 삶을 행복하게 만드는 거름이 되기를 바랄뿐이다. 이제 우리는 거울의 방에서 나와 세상이란 위대한 책, 인생이란 위대한 책에 스스로의 이야기를 써 내려 갈 것이다. 여러분들

이 만들어 가는 각자의 인생이 언젠가 다른 사람들이 비쳐보는 아름다운 거울이 되기를 원한다. 자신의 인생을 소중히 여기고 포기하지 않기를 바란다. 결코 포기하지 않기를 바란다.

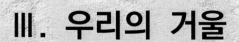

꿈을 비추는
네 개의 거울

III. 우리의 거울

1. 우리의 것을 알아야 세상이 보인다.
2. 생각의 차이 꿈을 이룬다.
3. 꿈꾸는 비젼 당당히 밝혀라.

꿈을 비추는
네 개의 거울

1 우리의 것을 알아야 세상이 보인다.

1. 들어가며

　젊은이들만의 특권! 당신은 꿈을 꾸고 있습니까? 누구나 자신의 미래에 어떤 사람이 되고 싶다는 꿈을 새긴다. 꿈을 새길 때는 원대한 꿈을 새기라고 말하고 싶다. 남들이 욕심이라고 비웃어도 좋다. 꿈은 내 능력 이상의 것을 품는 것이 대부분이라 모든 꿈이 다 이루어지지는 않는다. 그러나 여러분들은 젊기 때문에 꿈을 마음껏 그릴 수 있다. 우리는 수많은 관계 속에서 살아가고 있다. 가족과 친족뿐 아니라 이웃, 학교, 동호회, 종교단체 등 수많은 집단들과의 관계를 이루며 살아가고 있다. 이러한 관계 속에서 우리는 끊임없이 꿈을 가지고 꿈을 펼치며 새로운 문화를 형성하며 살아간다. 급변하고 있는 현대사회는 다양한 현상들뿐만 아니라 그 변화에서 오는 다변화의 속앓이를 겪고 있다. 이러한 사회 현상 속에서 꿈을 꾸는 사람들은 쉽게 길을 잃어버리기도 하고 수많은 경쟁 속에 노출되어진다.

　꿈을 이루어 나가는 과정 속에서 우리는 하나의 화두를 던져 볼 수 있다. 꿈이라는 커다란 그림을 그리면서 꿈을 꾸고 있는 나는 누구인가 그리고 그 꿈을 꾸고 있는 "나"라는 자신을 얼마만큼 이해하고 다독거리고 있는가.

　필자는 글로써 사람들과 소통하기보다는 그림으로써 사람들과 소통하는 사람이다. 필자가 가장 잘할 수 있는 그림을 통해 우리대학의 학생들에게 꿈을 꿀 수 있는 기회를 주고 싶었고 희망을 제시해 주고 싶었다. 우리문화인 우리만의 독특한 그림 속에 내재되어 있는 그림속의 세계관으로서 작은 힘이나마 위로가 되는 메시지를 전하고 싶다. 시각이미지나 미술을 통해 여러 사람들과 소통하는 역할이 어느 시대보다 중요해졌기에 꿈을 쫓아가는 여러분들에게 한국인으로서의 자존감을 세우고, 꿈꾸는 과정에서 뒤를 돌아볼 때 자긍심으로 무장할 수 있는 계기가 우리문화 즉 한국적인 문화, 한국화를 통할 수 있게 조그마한 쉼이 되기를 바란다. 그래서 어설픈 나만의 집필보다는 지금까지의 다독한 서적과 여러 훌륭한 논문의 도움을 받아 우리 학생들에게 꼭 들려주고 싶은 이야기를 정성스럽게 정리하여 요약해 보았다.

2. 우리문화의 거울, 한국화

　우리 문화의 거울과도 같은 우리의 그림 한국화는 세계 예술사조 전반에 걸쳐 오랜 전통과 역사를 지니고 있으며, 그 과정에서 다양한 예술철학과 미학적 사상을 발생시키고 꽃을 피웠다. 또한 회화적 표현방법으로서 독특하면서도 다양한 필묵법과 조형론 그리고 정신까지도 함께 발달하여 왔기 때문에 한국화를 단순한 회화표현의 매제로서만 이해하기보다는 전통의 회화이론과 창작론에서 현대에 적용하고 발전시킬 높은 예술성을 띤 예술로 이해되어져야 한다. 한국화의 습득은 조형이론과 기법의 핵심을 파악하여 그 기초를 익히며, 독특한 재료에서 오는 기질을 섭렵하여 우리 것에 대한 자긍심을 고취시키고 나가야 하는 높은 질의 예술문화이다. 우리의 한국화는 사물을 보는 태도와 시각을 한국적인 사고분만 아니라 그 속에는 우리 고유의 다양한 감정까지도 잘 표현되어져 있다. 아무리 그 문화가 뛰어나다 하더라도 생활 속에서 가까이 하지 않으면 낯설어 멀어지게 되고 그 와중에 무분별하게 국적이나 출처를 알 수없는 사람들의 언어와 행동 등을 여과 없이 따라하는 과정에서 그것이 문화로 형성될 수 있기 때문에 확고한 우리문화예술의 정립이 무엇보다도 절실히 필요하다. 우리나라는 광복이후 선진문화교육을 받은 지식층이 교육의 전달자로 주를 이루면서 미술교육은 서구식 체제를 따르고 있다. 미술을 처음 접하는 아동들은 스케치북에 크레파스, 색연필, 수채물감, 사인펜 등을 주로 사용하게 되었고, 그들은 전통재료를 접할 기회를 갖지 못하고 점점 우리문화, 우리 미술을 멀리 하는 결과가 되었다. 이는 한국화가 대중 속에 자리 잡지 못하게 되는 근본적인 교육방식이기도 하다. 하지만 이 근래에 와서 다시 한국적인 것이 시대의 정서와 결합하여 나타나게 되어졌다. 물질만능의 현대사회에서 정신적 이념에 가치를 두는 문화로 옮겨지면서 동양의 정신 사상으로 시선을 돌리기 시작 하였다. 이 중심에는 우리의 한국화라는 예술영역이 있으며, 동양정신의 절정을 보여주는 한국화의 재조명은 앞으로 우리 미술교육의 변화와 중요성을 두각 시켜 준다. 한국화는 창작자의 감성과 동화되어 자신만의 미술적 기교로 전환할 수 있는 계기를 만들어 준다.

　이번 강좌는 꿈을 비추는 네 개의 거울 수업으로서 창의적인 사고 능력의 향상을 위한 준비과정으로 설정한다. 우리의 예술문화 한국화를 이해하는 것은 단지 종이, 먹, 붓, 물감 등의 재료를 사용하여 무엇인가를 형상화하는 조형적인 활동에서 더 나아가 내가 누구인가를 알고 민족의 뿌리를 찾는 그야말로 자아의 정체를 찾아가는 과정으로서의 교육적인 가치가 크다 하겠다. 그리고 강의의 주된 방향은 한국인의 정신성과 기본적인 우리의 것이라는 개념을 이해하고 우리의 문화를 이용하여 세상을 바라보는 시각을 넓혀 주고자 하였다.

안동국제탈춤페스티벌 – 우리나라의 전통 정신과 탈춤 문화 등이 잘 보존된 안동 지역 일대에서 매해 펼쳐지는 국제적인 축제이다. 우리나라 사람들뿐만 아니라 각국의 사람들이 모여들어 각기 개성 있는 탈과 민속춤을 선보이며 흥겨운 한마당을 벌인다.

◆ 알고가기

1. 우리나라의 독자적인 미술의 역사를 알고 그 특징과 가치를 이해할 수 있다.

2. 우리나라 미술의 변천 과정을 알고 시대적, 지역적, 사회적 배경을 이해할 수 있다.

우리나라는 일찍부터 대륙문화를 받아들이고 해양문화와의 가교 역할을 해 오면서 다양한 문화 속에 독특한 예술 문화를 가지게 되었다. 이러한 배경 속에서 우리 고유의 민족성, 역사, 문화 등이 반영된 독특하고 아름다운 미술세계를 발전시켜 왔으며, 자연 환경과의 조화 속에서 소박하면서도 창의성 있는 조형세계를 이루게 되었다. 우리의 한국화는 한민족의 생활정서와 감정을 솔직하고 순수하게 표현함으로써 누구에게나 자연스럽게 받아들여지는 부드러움을 보여주고, 특유의 인간미와 인공적 가식이 없는 순수한 자연의 미를 나타내 준다.

〈수렵도〉, 무용총 벽화, 고구려 5세기

글이 의식이라면 그림은 무의식이라 할 수 있다. 화가에게 캔버스는 내면을 비추는 거울이다. 이런 전제하에 미술의 역사 속에는 동양과 서양의 다른 자연관이 무의식 속에 그림으로 표출되어 왔다. 수없이 쏟아지는 문화현상과 많은 정보 속에서 생활하는 우리에게 중요한 것은 자신에게 필요한 것을 선택하고 향유하는 것이다. 우리 것을 생활 가까이에서 접하여 느끼고 살아간다면 무분별한 문화수용이나, 자기 것에 대한 어색함, 낯설음에서 오는 문화적 괴리감을 극복할 수 있을 것이다. 우리 민족의 문화적 정서가 묻어 있고 자연주의적 특성을 지닌 한국화가 깊이 있게 다루어질 때, 서양 중심적 문화에 젖어 우리 민족의 정체성에 혼란을 가져오고 있는 사회적인 문제점들도 해결할 수 있을 것이다. 우리 미술이 지니는 장점과 가치를 탐구하고 우리만이 가질 수 있는 독특한 문화가치를 창출하기 위해서는 우리의 것 전통미술의 감성과 느낌을 경험하도록 하는 것이 무엇보다 중요하다.

한국화는 사물을 보는 태도와 시각을 한국적인 사고로 보아야 하며 그러한 감정을 표현하도록 하는 것이다. 한국화에서 전통재료인 지(紙)·필(筆)·묵(墨)등 재료의 체험과 선과 번짐을 통한 감각의 계발과 숙련을 통한 직관에 의한 표현, 무한한 사고와 감상자의 생각까지 수용하려는 여백정신과 여유 등은 조급함과 실적위주의 현대사회에서 다시 생각하게 하는 부분이다. 이런 우리의 전통사상에 의한 정신성을 보급하는데 적절하고 알맞게 구성하여 경험하게 하는 노력이 필요하다.

동양의 산수화는 서양의 풍경화와 달리 문학정신과 철학정신을 깊이 내재하고 있다. 서양에 분수가 있다면 동양에는 폭포가 있다. 분수와 폭포는 모두 시원한 물줄기로 더운 날 사람들의 마음을 식혀 주지만 엄연히 그 의미는 다르다. 폭포의 물줄기는 자연의 순리에 따라 위에서 아래로 흐르지만, 분수는 인위적인 모습으로 아래에서 위로 솟구쳐 자연에 도전하는 모습을 보인다. 또 폭포는 자연스럽게 만들어진 것이지만 분수는 도시 한가운데 인위적으로 위치한다. 이러한 내용을 통해서 동양과 서양의 자연관을 엿볼 수 있다. 동양의 자연관이 자연에 순응하고 자연과 더불어 사는 것이라면, 서양의 자연관은 자연을 개발하고 이용하는 대상으로 생각하는 것이다. 동양사상은 대표적으로 최북의 "風雪夜歸人圖" (눈보라 치는 밤 나그네의 가슴은 서러웠네) 라는 미

鄭敾, 〈仁王霽色圖〉, 朝鮮後期, 紙本水墨淡彩, 79.2×138.2cm, 湖巖美術館

술작품에서 나타나듯이 자연과 인간을 공존 관계로 파악한다. 무위자연을 도덕의 표준으로 삼는 노장사상이 깃들여져 있고, 불교에서는 철저하게 자연을 중심으로 인간을 바라본다. 반대로 서양 사상은 자연을 지배의 대상으로 여긴다. 대표적으로 "안개 낀 바다를 보는 방랑자"에서 나타나는 것은 인간은 자연을 정복의 대상, 이용의 대상으로 명확하게 표현되었다. 책속에서는 서양사상의 자연관에 의해서 자연을 탐구하고 이용하여 과학기술을 발전시킴으로써 현재 우리가 육체노동의 고통을 줄이고 풍요롭게 살고 있다고 한다. 하지만 문제는 순기능이 있으면 반드시 역기능이 있 듯이 자연을 지배하는 도를 넘어서 자연이 파괴되어 지고 있다. 자연지배가 낳은 환경파괴가 부 메랑이 되어 우리에게 돌아오고 있다는 것이다. 물론, 기술의 발전이 자연재해를 대비하고 막아 낼 수 있는 부분이 있다. 하지만 자연재해에 대한 피해가 클지 자연파괴에 대한 피해가 클지는 한번 생각해 보아야 될 문제인 것 같다. 우리는 어쩌면 동양의 정신은 잊어버리고 서양의 정신에 만 지배당하고 있는 건 아닐까...... 우리나라 고유의 한국화는 전통 속에서만 정체한 것이 아니라 현재까지도 이어져, 문화적인 유전인자를 형성해 오는 것이라 할 수 있다. 따라서 한국화는 전통 적인 표현 방법의 습득을 통한 표현력 신장뿐만 아니라, 우리 고유의 시각 문화를 내면깊이 이해 하게 하고, 이를 통해 민족의 문화적 우수성과 예술적 깊이를 발견하게 하며, 새로운 문화를 창조 하는 밑거름을 마련할 것이다.

3. 우리의 그림 한국화

한국화란 명칭은 1982년 대한민국 미술대전에서 공식적으로 사용되었고, 제4차 교육과정 교과서에서도 명시 되었다. 전통적으로 우리 회화는 화선지에 먹이나 채색으로 그리는 것으로 글씨(書)와 그림(畵)을 따로 떼어서 생각하지 않았기 때문에 1920년대까지만 해도 '서화(書畵)'로 불려졌다. 그러다가 1930년대에 춘곡(春谷) 고희동(高羲東, 1886-1979)을 비롯한 많은 동경 유학생들을 통해 본격적으로 서양화가 들어오면서 근대주의적 모더니즘 시대로 접어들게 되고 글씨와 그림도 독자적인 영역으로 분리되어져 그 무렵 생겨난 것이 '서양화'라는 용어였다. 그 당시 중국은 국화(國畵), 일본은 일본화(日本畵)라고 부르고 있었으니 우리도 조선화(朝鮮畵)라고 불러야 했으나 일제 식민지 상황에서 생겨난 타율적 명칭이 '동양화'라는 용어였다. 동양화라는 용어를 사용하게 만든 일제의 속뜻은 우리나라에 온 일본인들도 조선미술전람회에 일본화를 출품한다는 명분이었지만 개념도 확실치 않은 동양화란 용어의 사용은 민족적 독자성을 말살하려는 의도로 보여 진다. 그 이후로 동양화라는 이름으로 불리다가 1970년대에 들어오면서 일부 화가들에 의해 '한국화'라는 용어를 쓰기 시작하였다.

한국화는 주로 종이나 비단 위에 먹이나 물에 녹는 물감을 사용하여 부드러운 붓으로 그리며 동양적 자연관과 가치관에 바탕을 두고, 중국의 전통회화와 밀접한 관계를 유지하면서도 한국특유의 양식을 발전시켜 왔다. 한국화 용어 사용에 비판적인 경향도 없진 않다. 그 이유로는 중국의 영향과 다른 장르와 구별될 만한 독자적인 영역을 확보하지 못하고 있다는 것이다. 한국화란 한국적 정서 아래에서 생성된 세계관이 표출된 표현 세계로 "전통적 의미라는 텍스트를 거치지 않은 미래란 오지 않는 허구일 뿐이다"라는 말처럼 전통에 대한 진정한 문제는 전통의 본질에 있다기보다 그 본질에 대한 우리의 태도에 있으며, 어떻게 보느냐 하는 방법에 달려있다고 본다. 발전 가능성에 대한 연구는 작품표현에 대한 새로운 상징적 의미 부여의 논리적 개척에 있다고 할 수 있다. 그러므로 한국인의 사상과 한국적인 태도로 사물을 보고 삶과 얼·미감(美感)등을 전통적인 재료로 표현한 그림을 '한국화'라 정의한다.

표현양식에는 수묵화(水墨畵)와 채색화(彩色畵)가 있다. 수묵화는 화선지에 먹이나 색의 번짐, 농담과 필선을 살려 '그리는 방법'을 나타낸 그림 양식이고, 채색화는 먹이나 물감이 스며들거나 번지지 않도록 아교와 백반 그리고 호분으로 흰색 밑색 칠층을 만든 후 먹이나 색을 덧칠하는 것을 기본 기법으로 '칠하는 방법'으로 나타내는 그림양식이다. 수묵화는 자연을 직관적이고 중용적(中庸的)인 종합 정신을 내용으로 하는 상징적 표현양식이다. 자연을 존재된 형태로 보지 않고 직관적인 감성을 가지고 본질을 파악하여 종합해서 보게 된다. 사물과 서로 융화되어 형상 그대로를 정밀하게 사실적으로 그리는 것이 아니라 그림으로 표현하고자 하는 자기의 심정(心情)·의

사(意思)를 솔직하고 간략하게 표출하는 사의적(寫意的)인 정적표현을 중시한다. 그러므로 정신을 붓 끝에 집중시켜 기운생동(氣韻生動)하는 선과 농담의 미묘한 변화와 먹과 색의 번짐, 발묵, 그리고 감상자까지 배려하는 여백 등이 주는 끝없는 변화와 편안함이 수묵화의 오묘한 매력이라 할 수 있다.

한국화는 한국인의 미의식과 한국적인 사고가 표현된 회화이다. 미의식이라 함은 아름다움을 지각하고 인식하는 의식의 주체라 할 수 있다. 한국의 미를 한마디로 말하면 '자연의 미'라고 할 것이다. 우리의 자연환경은 노년기 지형으로 둥근 형태와 부드러운 곡선이며 사계절이 뚜렷하고 온화한 기후이며 넓은 평야와 금수강산을 이루었다. 자연을 개척하고 정복하기 보다는 그것을 신앙으로 여겼으며 자연 속에서 욕심 없이 생활하고 수양을 통해 순리에 적응하며 현실 속에서 참다운 아름다움을 찾고 소박하고 오염되지 않은 순수함이 한국의 미의식의 전반을 이루게

윤두서, 〈自畵像〉, 朝鮮後期(18세기),
지본담채, 38.5×20.5cm, 해남종가

하였다. 자연의 흐르는 시간에 맡겨 인간의 미학을 자연의 미학으로 환원시키는 오래된 것 같은 새 것, 새 것이지만 오래된 것 같은 시김의 미, 절제와 오만함이 깃들지 않은 무심(無心)의 심(心)인 담백(淡白)의 미, 기교의 매임을 벗어버린 절로의 미, 세속에 살되 세속에 마음을 두지 않고 빈 마음으로 살아가는 비(飛)의 미를 주장하였는데 이 바탕 역시, 자연을 두고 한 것이다. 시대와 국가, 사회와 종교, 사상과 철학 그리고 문화는 변해도 생(生)과 사(死)를 반복하는 인간에게 변함없이 영향을 주는 것은 자연이다.

김기창, 〈태양을 먹은 새〉, 두방에 수묵채색,
31.5X39cm,1968

한국화의 표현방법적인 면을 분석해 보면, 첫 번째 특징은 사물의 본질을 시각화해서 나타낸 선이다. 서양화는 사물을 빛의 반사에 의해 지각하고 그것을 분석하여 체계화 시키며 시각적 관

점에서 명암으로 사물의 입체를 나타내고 또한 투시도법에 의해 원근법을 나타내고 있다. 그러나 한국화는 사물을 본질적 존재로 보며 물질의 모양은 자신의 내적 본질 즉 보이지 않는 기가 형태를 만들어 가고 변화시킨다고 이해한다. 예를 들면 서양화에서 대나무의 표현은 색과 형태의 생김새를 중요하게 여기지만 한국화에서는 대나무의 본질을 이루고 있는 정신과 기운을 중요하게 여긴다. 대나무와 소나무의 구성성분은 그리 큰 차이를 보이지 않지만 생김새와 성장 모습은 너무나 다르다. 매우 빨리 자라는 대나무는 속도를 가지기 때문에 빨리 자라는 무형의 모습이 물질을 통해 직선으로 속도 있게 쌓아가며 수직으로 자란다. 소나무는 오랜 세월을 두고 자라기 때문에 시간이 축적되며 환경의 다양함의 영향을 받아 구불구불 자란다. 이런 모양을 이루고 있는 그 내면의 기가 사물의 형태와 느낌을 결정하기 때문에 겉에 드러난 모습보다는 내면의 기운을 느끼고 표현한다. 그래서 대나무는 선의 속도를 중요시하며 속도를 내서 직선으로 그리고 소나무는 시간의 쌓임을 물기 없는 붓으로 느낌을 천천히 누적시켜가며 그려낸다. 우리 마음속에 있는 감정의 기운(喜怒哀樂)을 상태에 따라 같은 물질의 형태를 다른 모습으로 바꾸어 놓는다. 그래서 우리의 기분에 따라 전혀 다른 느낌의 모양으로 변화시킨다. 이렇게 사물은 스스로 모양이 있는 것이 아니라 속에 흐르는 기가 모양을 결정하므로 느낌의 기운을 조형화하는 것이 한국화이다. 이런 기운의 모습이 형상화되는 기본은 선이다. 한국화에서는 감정의 기초조형인 선이 중요한 조형요소가 된다. 서양화의 면을 중심으로 표현한 것과는 이런 사상적 차이를 이루고 있다. 속도와

이태욱, 〈다이조부-김과장의 분노〉, 한지에 수묵, 2006

물기의 양 그리고 농담에 따라 다른 느낌을 주는 선을 이용한 표현이 주를 이루게 된다.

두 번째 특징은 여백이다. 여백은 단지 비어 있는 공(空)의 상태나 전후(前後)의 원근 표현이 아니라 실체와 보이지 않는 기운의 흐름을 이끌어 내며, 시각적인 강약의 대비뿐만 아니라 서양화에서 중히 여기는 황금분할 공간의 넓이까지 함축한다. 자연 속에 보이지 않는 기운이 생물(生物)의 삶에 도움을 주듯이 여백은 우주만물의 심상(心想)을 표현하는 역할을 한다. 윤곽선에 의해 제작된 작품은 형태를 제외하면 빈 공간일 뿐이었으나 선(線)이나 발묵(潑墨)에 의하여 형태가 그려지면 여백은 형태와 어우러져 많은 의미를 갖게 된다. 여백과 여백 사이의 흐름은 산과 들, 평야, 안개 등 자연을 담을 수 있으며, 숲속 등은 비워두어 기운을 암시할 수도 있다. 이처럼 앞과 뒤의 여백은 기운의 흐름과 거리감이 주는 무한 시공을 넘나들 수 있는 자유의 공간이 되는 것이다. 인간의 시각과 지각 능력 밖의 표현과 장소와 환경에 따라 변화되는 인간의 감정을 표현하고 감상하는 이의 생각을 위해서 여백이란 조형언어로 시각화하는 것이다.

화중유시(畵中有詩)란 '그림 속에 시가 있다.' 그림 속에 시와 같은 서정성의 흥취를 지니고 있다는 것이다. 화중유시는 북송의 소식(蘇軾)이 제기한 시정화의(詩情畵意)에서 시작되는데 시와 그림의 관계를 "그림은 소리 없는 시(無聲詩)이고, 시는 소리가 있는 그림(有聲畵)"이라고 하였다.

"그림을 논함에 있어 형사(形似)만을 주장한다면
그 소견 어린아이와 다를 바 없다.
시를 짓는데 반드시 이 시라고 고집한다면
이 또한 진정 시를 아는 사람이 아니다.
시와 그림은 본래 일치하는 것이니
자연스럽고 교묘하며 맑고 참신해야 한다. "

"論畵以形似, 見與兒童隣.
賦詩必此詩, 定非知詩人.
詩畵本一律, 天工與淸新.
("蘇軾, 『蘇東坡全集』後集, 卷16, 「書鄢陵王主簿所畵折枝二首」)

이 글에서 소식이 주장하는 '시화일치'의 핵심을 찾아볼 수 있다. 한국화에서 송나라 소식의 논의 이후 시와 그림의 결합이 많이 나타나는데 이러한 '시' 와 '그림'의 합일적 표현은 한국화 표현에 있어서 중요한 특징인 것이다.

도시화와 핵가족화, 다문화가족화의 진전에 따라 약화된 가정교육과 지역사회의 교육기능을 회

곽희, 〈조춘도〉, 108.1×158.3㎝, 비단에 수묵담채, 북송

복하기 위하여 물질적 풍요에서 정신적·정서적·문화적 풍요로 가치 의식을 전환시키는 교육이 필요하게 되었다. 오늘날 입시위주의 경쟁사회, 인간성이 결여된 물질만능사회, 정서가 메마른 산업, 기술사회 속에서 비인간화되면서 전통적 윤리의식마저 희박해져 가고 있다. 이러한 사회에 긴장과 갈등을 풀어주고 그들이 지닌 본연의 순수함과 소박함, 풍부한 사고와 감정, 꿈과 낭만과 정열, 그리고 무한한 가능성을 펼쳐 줄 개성의 발견과 정서순화 교육이 그 무엇보다 시급하게 요청되고 있다. 정서교육의 요체가 되는 예술교육은 인간의 마음을 부드럽게 하고 정신을 순화시킨다. 예술은 우리의 정감을 불러 일으켜 살벌한 현실을 풋풋한 인간미나 체험에서 얻어지는 미감(美感)을 동반하여, 우의적(寓意的)이고 상징적이며 환상적으로 변용시켜 준다. 그리하여 인간 사회를 원만하고 희망적으로써 비인간적인 위기를 극복하게 되는 것이다. 따라서 예술교육은 현실사회에서 풀리지 않는 단절과 갈등, 부조리를 범생명적으로 해결할 수 있다는 것이다.

세계적인 정치가 처칠과 아이젠하워도 각박한 정치 현실이 풀리지 않을 때에는 틈틈이 그림을 그렸다고 한다. 아인슈타인도 '상대성 원리'를 발견 하였으나, 거기서 나오는 지구의 멸망을 초래할 만한 파괴력 때문에 허탈감과 괴로움에 시달리자 바이올린을 켜면서 삶을 미적 인식으로 전환시켰다고 한다. 이처럼 인간의 진(眞)에 대한 인식과 미(美)에 대한 인식 수준은 이성과 감성의 끊임없는 상호 전환의 과정을 거치면서 발전하는 것이다.

인간의 감성을 통하여 영혼과 정신을 조형화하는 한국화 교육은 이미지와 감동을 통한 감성적 인식이 수반되는 교육이므로 의식세계에서 가장 깊이 작용하는 교육이라 할 수 있다. 한국화가 인간 형성에 끼치는 영향은 미적 이미지가 내면화 될수록 인간의 내적 세계에 대한 감성이 깊어지고, 정서를 세련시키며, 인간생활을 질적으로 향상시키는 역할을 할 수 있는 것이다. 수채물감과 크레파

장재록, 〈ANOTHER LANDSCAPE〉, 천에 수묵,
244X143cm, 2012

스로 도화지에 그렸을 때의 단순함보다는 전통재료와 도구를 사용할 때 느껴지는 번짐에 의한 우연성의 효과와 농담의 변화, 스밈, 여백의 미 등 다양함과 섬세함이 그들의 정서에 좋은 영향을 미치리라고 본다. 또한 한국화의 소재는 대부분 자연과 주변생활을 주제로 이루어져 있기 때문에 자연에 대한 인식을 직관적이고 통찰력 있게 만드는데 중요한 역할을 할 것으로 본다.

한 사회나 시대가 문화의 전승이나 창조 작업이 없으면 암흑기라 부른다. 민족의 정신을 측정하는 척도는 곧 그 민족이 얼마나 전통문화에 대한 이해와 긍지를 가지고 보존하고 계승·발전시키려 하는 의지의 정도라고 하겠다. 전통미술교육이 강조되는 것은 전통에 대한 올바른 교육이 한국문화의 고유한 정서와 우수성에 대하여 긍지를 갖게 하는 밑거름이 되기 때문이다. 그러므로 한국화는 전통미술교육의 차원으로 꼭 다루어져야 될 것이다. 특히, 의·식·주의 서양문화가 주(主)를 이루고 있는 현실을 감안할 때 우리들의 문화의식은 우리의 문화를 수용할 수 있도록 깨어 있어야 하며, 아울러 한국화 교육을 통해 전통문화의식의 저변확대가 될 것으로 기대된다.

실제로 서양의 그림들은 동양의 그림들로부터 영향을 받았는데 서양화에서 입체적인 묘사와 원근법이 사용되기 시작한 것은 15세기부터지만 중국회화에서는 8세기후반부터 사용되어 왔다. 16세기 예술 이론가 바자리(Vasari,G)에 의하면 레오나르도 다빈치의 작품 '모나리자'에서 스푸마토(sfumato) 기법이 최초로 적용된 것으로 알려지고 있다. 그러나 동양에서 이러한 기법은 이미 9세기에 운염법(雲染法, 渲染法) 이란 용묵법이 사용되어 왔다. 가장 좋은 그림은 창조력이 나타난 그림이다. 정신적 뒷받침이 있고 자신만이 할 수 있는 공간을 만들었을 때, 또한 우리가 생활해 온 과정이 그림 속에 베어 있어도 좋은 그림이라 부를 수 있다. 한국화를 배운다는 것은 단지 종이, 먹, 붓, 물감 등의 재료를 사용하여 무엇인가를 형상화한다는 조형적인 활동에서 더 나아가 내가 누구인가를 알고 민족의 뿌리를 찾아가는 그야말로 자아의 정체를 찾아가는 과정으로서의 교육적인 가치가 크다 하겠다.

권기수, Sky High - Pilgrimage, 130x227cm, 2011

인간의 정신적 발달은 육체나 기술의 발달보다는 폭넓은 관련을 가지면서 서서히 이루어진다. 한 분야에서 뛰어난 전문인이 되는 것은 단순히 손에 의해서만 이루어지는 것이 아니라 정신에서 이루어진다. 장기간에 걸쳐 폭 넓은 경험의 범역을 두루 망라해서 차츰 이루어지는 것이다. 손에서 단기일내에 이루어지는 것은 단순미술이며, 이는 결코 정신 수준을 능가하지 못한다. 한국화의 가치는 우리 전통회화에 대한 미적 가치의 발견과 이를 존중하고 소중하게 여길 줄 아는 마음의 자세를 길러 새로운 문화의 창달에 이바지할 수 있는 기틀을 만드는데 있다. 우리 문화는 화선지에 먹이나 색이 은근하게 베어 들어가는 것처럼 곁에 두고 즐길 때 그 깊이와 진가를 알게된다. 마찬가지로 자연주의에 기반을 두고 사물을 형상 그대로 정밀하게 그리는 사실적인 표현이 아니라 자기의 생각이나 느낌을 솔직하고 간략하게 표출하는 사의적(寫意的)인 표현인 한국화의 선과 여백의 정신을 이해하려면, 생활에서 자주 접하면서 전통적인 회화의 조형적 가치를 인식하게 하고 수묵화 기법을 활용하여 새롭고 창조적인 표현을 할 수 있도록 하기 위한 관심과 배려가 필요하다. 따라서 다양한 교육 프로그램에서도 한국화의 저변확대가 이루어져 전통회화에 대한 미적 가치 기준의 향상과 끊임없이 변화하며 명멸을 거듭하고 있는 현대미술의 격랑 속에서 한국화의 가치 혼돈은 어쩌면 필연적이고 숙명적인 것인지도 모른다. 한국화는 우리고유의 민족성과 전통성이 스며있는 소중한 문화유산이다. 21세기는 여유, 소통, 융합, 감성시대, 문화의 시대라고 한다. 한국화는 자연의 이치를 깨닫고 인간의 성정을 표현한 예술이며 화가가 인간의 존재와 인간과 사회, 인간과 자연 등 인간을 둘러 싼 관계성을 미술작품으로 표현하고자 할 때 한국화는 동양적 정서를 지닌 풍부한 예술적 영감의 보고이다. 이러한 좋은 전통이 그 가치를 발하기 위해서는 기존의 가치 위에 새로운 해석으로 시대성과 융합하며 끊임없는 연구와 노력이 그리고 여러분들의 관심이 더욱 필요하리라 생각한다.

■■■◆   인물을 통한 생각해보기! ─────────────

앤디 워홀의 콤플렉스 - 가난, 외모, 소외 등의 결핍을 극복하고 부와 명성을 얻은 팝아트의 거장 앤디 워홀은 체코에서 이민 온 광부의 아들로 미국의 한 빈민촌에서 태어났다. 열 살 때 찾아온 류마티스로 병약한 어린 시절과 거기에 아버지까지 일찍 여의어 가난과 소외로 어린 시절을 보내면서 소심한 성격으로 자라게 된다. 그렇지만 반면 어머니의 따뜻한 관심으로 스케치북과 연필, 카메라와 프로젝터, 공작물 만들기, 사진 찍기, 잡지 오리기등 예술 활동이 주는 행복함을 느끼며 자라게 된다. 그는 못생긴 자신의 외모콤플렉스를 자화상을 통해 헐리우드 스타로 재탄생시켰고, 부와 명성에 대한 욕망으로 미술이 비즈니스가 되도록 만든다. 이것이 비즈니스 아트이다. 소심한 자신의 성격을 극복하고자 자신의 작업실인 팩토리(factory)라는 공간에서 각계각층의 사람들과 퍼포먼스와 헤프닝을 벌리며 소통했다. 많은 인맥을 통한 비즈니스를 하다 보니 턱없이 부족한 시간으로 인해 그는 실크스크린이라는 영역까지 자신의 작업을 확대 시킨다. 자신의 결핍을 드러내고 극복하는 과정에서 결핍을 어떻게 바라보는가는 열등감이 되기도 하고 삶의 자양분이 되기도 한다. 어찌보면 객관적인 관점에서 앤디 워홀은 결핍이 많은 사람이다. 부족한 것이 많았던 그가 자신의 결핍을 극복하고 최고의 예술가가 될 수 있었던 것은 목표가 분명했고 그것을 위해서 열정적으로 달려갔기 때문이다.

앨리슨 래퍼의 장애 - 래퍼는 양팔이 없고 짧은 다리로 활동하고 있는 구족화가이지만 살아있는 비너스라는 칭송을 받고 있는 영국의 화가이다. 부모에게 버림을 받았으며 이혼의 아픔을 겪기도 하고 모두의 만류에도 아이를 출산했다. 어떻게 보면 자신의 환경을 극복해 나가는 데에 조금의 주저함이 없었다. 자신이 꿈꾸었던 예술가로의 도전도 자신의 장애로 막진 못했다. 남들이 자신을 어떻게 생각하느냐는 중요하지 않았다. 남과 다름이 오히려 내 몸을 특별하고 아름답게 만든다. 라고 래퍼는 말한다. 아마 그에게는 살아가는 하루하루가 도전의 연속이었을지도 모른다. 그는 밀로의 비너스를 보고 그 후에 자신의 몸을 대상으로 활동하며 나의 장애는 내 인생에서는 장애가 되지 않는다. 라는 말로 대중의 편견 속으로 들어갔으며 과감하게 드러낸 장애가 오히려 의지로 받아 들여졌고, 좌절하지 않는 영혼은 그 자체가 하나의 아름다운 작품이 되어 사람들을 감동 시켰다. 래퍼야말로 긍정의 힘과 강인한 의지의 표본이 아닐 수 없다.

임신한 래퍼의 모습을 동상으로 만들어 모든 사람이 지나가는 도심 광장에 세워 놓았다. 래퍼의 겉모습은 다른 사람과 분명 다르지만 아이를 품은 여성의 모습과 당당한 그의 시선 속에서 이상적인 아름다움을 느낄 수 있다.

현대의 비너스, 앨리슨 래퍼
- 래퍼는 태어날 때부터 팔다리가 없는 장애를 갖고 태어났다. 주변 사람들의 따가운 시선과 신체가 주는 불편함에도 당당하게 화가로 성공하여 보는 이에게 귀감이 된다.

　성공한 사람에게는 몇 가지의 공통점이 있다. 그들은 목표가 분명하다. 그 목표를 향해서 나아가는데 조금의 주저함이 없다. 자신의 환경이나 결핍을 긍정적으로 대처하며 그들은 자기 자신을 믿는다. 열정적으로 자신의 목표를 위해 끊임없는 애정을 쏟는다. 더불어 나아가 자신만을 돌아보는 것이 아니라 더불어 나아가는 방법을 알고 있다. 세상은 혼자의 힘만으로 되는 것이 아니라 함께 공존할 때 비로소 하나의 완전체가 된다는 것을 알고 있으며 무엇이 자신을 그토록 매력적으로 만드는지를 안다.

1. 앤디 워홀과 래퍼의 사례를 통해 깨달을 수 있는 점은 무엇인가?

2. 나는 어떤 사람일까? 어떤 방식으로 나를 알릴 수 있을까? 나의 이름, 외모, 좋아하는 것들... 나와 친구를 구별해 주는 것에는 여러 가지가 있다. 새 학기를 맞아 나를 친구들에게 소개할 수 있는 나만의 방식을 생각해 보고 작성해보자.

2 생각의 차이 꿈을 이룬다.

1. 화려한 꿈만을 쫓는 그대, 아플 준비는 되었는가!

꿈이 있는 사람과 꿈이 없는 사람의 차이는 무엇일까? 아마 우리는 수많은 요소들을 나열할 수 있을 것이다. 겉으로도 눈빛과 표정, 행동, 목소리 등 꿈을 꾸고 있는 사람은 그렇지 않은 사람보다 더 활기차고 빛이 난다. 요즈음 이런 질문을 자주 던진다. "당신은 꿈이 있나요?" 그러나 대부분의 청년들이 화려한 연예인의 꿈을 이야기한다. 높은 수입과 화려함이 가져다주는 달콤함은 젊은이들로 하여금 맹목적인 꿈을 꾸게 하였다. 물론 엔터테인먼트 분야에 종사하는 일은 분명히 매력적이고 멋진 일이다. 하지만 나는 젊은이들에게 또 하나의 당부도 해 주고 싶다. 그 꿈을 꾸기 전에 무대 위 화려함에 가려진 이면을 생각해 보았는지를. 어떤 분야든 밖으로 보여 지는 모습과 실제 모습 사이에는 상당한 차이가 존재한다. 특히 화려한 직업일수록, 전문직일수록 더더욱 그렇다. 고고하게 물위를 떠다니는 백조가 그 우아함을 위해 물밑에서는 물갈퀴를 펼쳐서 끊임없이 저어 대듯이 사람들의 집중을 받는 그런 꿈을 향하는 그들은 고단함과 피나는 노력이 동반되어져야 한다. 이 말은 화려한 빛을 내는 직업일수록, 그 이면에 더 견뎌 내야 할 고통과 시련 또한 상당하다는 것이다. 피라미드의 꼭대기처럼 소수의 이익을 위해 다수가 경쟁을 하는 사회이기에 그 화려함은 반드시 고통을 동반한다.

그렇다면 왜 청년들은 다른 사람에게 '보이기 위한 직업'을 그토록 원하는 것일까? 물론 실용적인 꿈을 꾸고 자신의 적성에 맞는 꿈을 쫓아 그것을 위해 고군분투하는 청년들도 많이 있기는 하다. 하지만 사회 전반적으로 만연해 있는 사회현상 중 하나인 꿈이 없어 무기력하거나 화려한 것을 쫓는 맹목적인 청소년들이 많이 늘고 있다. 그러나 이러한 현상을 모두 젊은이들에게만 돌릴 수만은 없을 것이다. 지금 우리 사회는 어른들이 만들어 놓은 세상을 거울삼아 꿈을 정하는 청소년들이 대다수이기에 과연 지금의 어른들은 건강한 프레임을 후손들에게 보여 주고 있는 것일까? 그렇다면 과연 젊은이들만이 눈에 보이는 가치에 열광을 하고 있는 것일까? 아마도 아닐 것이다. 어른들 역시 명예라는 명분으로 타인에게 존경받고 싶어 하고 허례허식을 쫓고 상대방을 낮추어 자신이 올라서려고 열을 올리며 살아가고 있다. 사회를 만들어 나가고 청년들의 거울이 되어야 하는 어른들이 이러한 거울인데 그 잘못을 반성하는 사회가 젊은이들에게 비추어지기를 바란다.

옥토에 뿌려진 씨앗은 풍성한 열매를 맺고, 박토에 뿌려지는 씨앗은 빈약한 열매를 맺는다. 겉으로 드러나는 살얼음판 같은 허상이 자신의 명찰처럼 가슴에 새겨지는 안타까운 현실이 되지 않도록 좀 더 멀리 바라보고 좀 더 직시할 수 있는 청년들이길 바란다. 당장 앞에 놓이는 화려함이 아니라 당당하게 꿰뚫는 혜안을 가지길 바란다. 쉽고 편한 길만을 거울로 삼는 것이 아니라 오히려 잔잔한 바다에서 유능한 뱃사공이 만들어지지 않음을 인지하고 자신의 꿈을 한 번 더 체크하는 젊은 의식가가 되기를 바란다.

세상은 급변하고 있다. 중국이 미국을 위협하는 경제대국으로 성장했고, 여성의 지위와 능력이 세계의 정치, 경제에 큰 위력을 과시하고 있으며, 하룻밤을 자고 일어나면 신형이 구형이 되는 과학기술의 시대를 살아가고 있다. 우리가 생각하지도 못한 곳에서 엄청난 일들이 일어나고 있는데 우리는 손바닥만 한 나만의 거울이 보여 주는 세상에 심취해 그것에만 만족하고 있는 것은 아닌지 물어보고 싶다.

산다는 것은 꿈을 이루기 위한 분투노력(奮鬪努力)이고, 이상을 실현하기 위한 악전고투(惡戰苦鬪)며 비전을 달성하기 위한 분발(奮發)이다. 대망을 성취하기 위한 도전이요 뜻을 펴기 위한 싸움이다. 꿈이 없는 젊은이는 죽은 것이며 이상이 없는 젊은이는 기대할 것이 없다. 꿈을 꾸기 위해 세상 밖으로 나오는 젊은이들을 위해 화두를 던지고 싶다. 젊은이여 대망을 가져라. 그 대망을 이루기 위해 동반되는 고뇌를 두려워하지 말아라. 화려한 것만을 좇는 거인이 되지 말고 자신의 미래를 건강하게 만들 수 있는 혜안을 가져라. 좀 더 성숙한 꿈을 꾸며 좀더 가치 있는 꿈을 꾸기를 바란다. 당신은 내가 알고 있는 가장 아름다운 젊은이이기 때문이다.

2. 세상에서 가장 큰 거울, 꿈을 키우는 작은 공간을 가져라!

사람들은 나만의 공간에 대한 열망이 있다. 자신이 집중할 수 있는 공간을 마련하는 것은 짧은 시간 안에 최대의 결과물을 얻어 내기 위해 노력하는 나를 위한 최고의 서비스라고 생각하기 때문이다. 나 자신을 비추는 세상에서 가장 큰 거울이 나의 공간이기도 하다.

얼마 전 세계적으로 유명한 포토그래퍼이자 일러스트레이터인 토드 셀비 (Todd Selby)의 전시가 대림미술관에서 전시되어 스타들의 공간을 사진과 이야기로 표현해 화제를 모았다. 패션, 디자인, 영화, 건축, 요리 등 다양한 영역에서 활약하는 인물들의 작업실을 담은 사진들이 공개 되었는데, 그들은 자신의 작업실 그 공간을 통해 세상과 소통하고 자신을 드러내는 에너지 창고의 장이었다. 그래서 나를 위한 단 한 평의 공간이 미래에 나를 어떻게 설계 되어지게 만드는지 그 소중함을 알게 될 것이다. 셀비는 사람들의 일상적인 생활공간 또는 작업공간이 그만의 유니크한 라이프스타일이며 꿈의 공간임을 인지하고 그것을 작품에 반영했다.

유명인의 서재라는 글을 통해 그들의 생각창고가 주는 주기능의 아름다운 결과물을 우리는 들은바 있다. 내 인생은 서재에서 시작 되었다는 말에서 보여 지듯이 소설가에게는 서재가, 미술가

리비에르(Riviere, Briton/1840~1920/
영국) 동정(캔버스에 유채/45.1*37.5cm /1878)

에게는 작업실이, 음악가에게는 연습실이 그들의 공간
이 되어준다. 나에게 주어지는 단 한평의 공간을 위해
우리는 아마 꿈을 꾸고 있는지 모른다.

장편소설 《잃어버린 시간을 찾아서》의 작가 마르셀
프루스트는 자전적 소설을 집필하면서 자신만의 공간
침대를 최고의 공간이라고 회상한다. 침대에서 창백한
얼굴로 두툼한 베개를 등에 받쳐 놓고 글을 썼던 프루
스트. 그는 낮엔 잠을 잤고 밤에는 침대에 앉아 글을
썼다. 프루스트에게 침대는 편한 자세를 제공하고 따뜻
하게 몸을 덥혀주는 공간이자 사물이었지만 그보다 기
본적으로 지나간 시간과 도래할 상상을 가능하게 한 공
간이자 사물이었다. 그가 만약 천식과 싸우며 침대에서
집필하지 않았다면 과연 《잃어버린 시간을 찾아서》가
완성될 수 있었을까. 《잃어버린 시간을 찾아서》는 프루
스트가 침대에서 눈을 뜨고 꾼 한편의 긴 꿈이었다. 어머니의 죽음 이후 그는 두문불출한 채 침
대에서 자기 자신을 창조적으로 번역했다. 만약, 프루스트의 그런 칩거가 없었다면 그리고 그 칩
거의 물리적 조건인 그의 침대가 없었다면 20세기 최고의 문학적 사건이라고 불리는 일은 일어
나지 않았을지도 모른다.

서양의 문화는 차고의 문화라고도 한다. 우리나라처럼 아파트 선호가 높지 않은 서양에서는 주택
에 딸려있는 차고 안 창고는 차고가 그냥 주차 개념의 공간이 아니라 창고의 공간을 만들어 준다.
그 곳에는 자동차를 스스로 정비할
수 있는 각종 연장이 있으며 생활
연장들이 즐비하다. 많은 이들이
이 차고에서 그들만의 상상력과 창
의력을 키우게 되었고 그곳에서 그
들의 꿈을 설계 하였다.

단 한 평의 공간에서도 우리는
몽상하고 욕망하고 휴식하고 꿈
을 꾼다. 단 한 평의 공간이지만
꿈을 꾸는 사람에게는 어느 곳보
다 넓고 높고 자유로운 공간이 아

김경민(1971~/한국) 집으로II(청동에 아크릴릭/20*75*55)

닐 수 없다. 높은 성취를 만들어낸 사람들은 자신만의 공간을 가지고 있다. 당신의 공간은 무엇이며 그 공간을 사랑하고 있는가. 당신의 꿈을 생산해 내고 저장해 나갈 수 있는 그 공간을 당신은 얼마만큼 확보해 놓았는가. 세상의 가장 큰 거울은 바로 당신의 그 한 평의 공간에서 시작된다.

3. 청춘의 버킷리스트는 열정이다.

　찬란한 미래를 그리기 때문에 가장 화려하지만 불확실한 미래에 놓여 버겁고 어려운 시기도 청춘이다. 어떻게 하다보면 다 잘 될 거야 하며 그 청춘들을 흔한 말로 위로하기도 한다. 하지만 그만큼 청춘은 아프지만 열정이 있고 희망이 있다. 가장 탄력을 가지고 있는 시기가 청춘이기에 실패를 두려워하지 않고 도전해 보는 것도 청춘이 누리는 자격이다. 어른이 된 자신을 되돌아보면서 가장 후회되는 것이, 그 청춘이 항상 계속 될 거라 생각하고 열정의 온도계를 올려 보지 못한 사람들이 대부분이다. 열정의 온도계가 데워지지 아니했던 청춘은 누구의 마음도 한번 감동시키기가 어렵다. 사람의 마음을 감동 시키는 것은 사람과 사람 사이에 이야기를 주고 청춘에게 방향을 제시해 주는 열쇠를 쥐어 준다.

　많은 사람들이 자신의 인생을 걸고 자신만의 버킷리스트를 적는다. 버킷리스트는 평생 한번 해보고 싶은 일, 혹은 죽기 전에 해야 할 일이기에 그것을 깨닫게 되는 순간 행복감을 그들은 경험하게 된다. 한 대학 강의실에서 대학생들에게 버킷리스트를 작성하라는 의견을 던졌다. 학생들 중에는 자신의 신념과도 같은 버킷리스트를 아주 정성스럽게 써내려 간 친구도 있었고, 장난처럼 대충 작성해 낸 친구도 있었다. 십년 뒤 그 학생들을 추적해 본 결과 버킷리스트를 정성껏 작성한 친구들은 대부분 성공한 위치에 있었고, 그렇지 않은 친구들은 그 반대의 결과로 살고 있었다. 이것은 삶을 대하는 진지한 태도가 자신의 삶을 어떻게 바꾸어 나가는가를 보여주는 예라 할 수 있다. 버킷리스트는 그 삶을 수동적이 아니라 주도적으로 이끌고 나갈 수 있는 힘이 되어준다.

　당신은 당신의 버킷리스트가 있는가. 그렇다면 그것을 위해 어떻게 노력하고 있는가. 수많은 사람들은 이 버킷리스트로 인해 인생이 바뀌기도 한다. 나의 가슴을 뛰게 만드는 버킷리스트는 인생의 동반자와도 같은 열정을 주기도 하고 때로는 채찍이 되기도 한다. 인생을 살면서 가장 후회했던 일은 살면서 한 일이 아니라 살면서 하지 못한 일이다.

　우리는 내 인생의 우선순위를 정한다. 자신의 꿈을 놓고 저울질해 보며 쉬운 길, 남들도 다 가는 길을 선택하는 사람과 어려운 길, 남들이 가지 않는 길을 가는 사람들의 휴먼스토리를 우리는 매체를 통해서 접하고 있다. 그렇다면 과연 누가 인생의 주인공으로 살고 있는 것일까 후자이다. 꿈을 이루는 첫 시도는 우선 머릿속에 그것을 그려 넣고 그 대상을 구체적으로 밝히고 실행 가능성이 조금 희박하다 할지라도 상상하고 계획한다. 기도한다는 것은 간절히 원하는 것이니 종교에서 머리 숙여 묵념하는 것이나 손바닥을 비벼 비는 것이 모두 간절하게 구하고자 함이니 이 또한 꿈에 대한 버킷리스트를 적어 놓듯이 내 의식에 그 버킷리스트를 불러 오는 행위가 되어 진다. 그러므로 우리는 바라게 되고 간절해지고 노력하게 되고 열정을 태우게 되는 것이다.

각자의 위치에서 일인자가 되어 있는 주인공들은 분명 당신의 이 시기를 그들이 꿈을 향해 올인 했던 시기였을 것이라고 회상할 것이다.

◆ 활동 1 – 개인 : 나를 돌아보다.

나는 어떤 사람일까? 내가 태어나고 나서 지금까지 살아온 시간들을 돌이켜 보자. 그동안 좋아했던 색깔, 노래, 가수, 장난감, 동물 등, 버킷리스트, 나의 강점과 약점 등 나에 관한 목록을 만들어 보고, 나를 알려 줄 수 있는 개성 있는 리플렛을 만들어 보자.

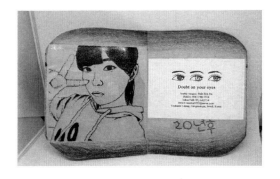

1. 내가 좋아하고 관심 있는 분야는 무엇일까? 그 분야를 통해 내가 할 수 있는 일은 무엇일까?

2. 미래에 우리는 어떤 사람이 될까? 어른이 되면 나는 어떤 일을 하고 있을까? 내가 잘 할 수 있는 일과 관심 있는 분야를 진지하게 생각해보고 나아가 나의 꿈을 이야기 해보자.

나의 꿈과 관련된 다양한 활동을 통해 미래사회를 살아갈 나의 모습을 긍정적으로 상상해보자. 활동의 결과물뿐만 아니라 과정 속에서 진정한 자신의 꿈과 소망에 귀기울여보고 친구의 꿈과 열정도 응원해주자.

■■◆ 스스로 탐구

드라마나 영화, 만화를 보면 직장생활을 간접 경험 할 수도 있고 관련 직업이 어떤 일을 하는지 구체적으로 알 수 있는 기회가 된다. 또한 주인공이 가진 일에 대한 열정, 꿈을 향한 노력 등을 통해서 직업에 대한 자세나 가치를 배울 수 있다. 즐겨보는 웹툰이나 드라마, 영화에 등장하는 직업 중 관심 있는 직업에 대해 조사해 보자.

■■◆ 활동 2 - 조별 : 나의 꿈을 광고하다.

미래에 내가 하고 싶은 일을 하기 위해 실천해야 할 일은 무엇일지 생각해보고 스스로 자신을 향해 메시지를 남겨보자.

친구들과 함께
서로의 얼굴을 찍어준다.

하드보드지에 사진을 붙인후
꿈을 이루기 위한 자신과의 약
속 3가지를 작성한다.

완성 후 친구 복도게시판에 부착한 후
서로의 꿈에 대해 이야기를 나눈다.

4. 실패는 꿈꾸는 열정의 가치

에디슨이 전구를 발명하자 기자들이 에디슨에게 물었다. "전구가 발명되기 전까지 1200번이 넘게 실패했다는데 사실입니까?" 에디슨은 빙그레 웃으며 대답했다. "실패한 것이 아닙니다. 전구가 켜지지 않는 방법을 1200여 가지 알아낸 것 이지요" 실패라고 하는 것이 성공의 방법을 알려주는 또 다른 기회라는 것을 알려주는 유명한 일화이다.

중국 삼국지의 유비는 실패의 연속이었다. 제괄량을 자신의 책사로 데려오기 전까지 우리는 그 유명한 삼고초려(三顧草廬)라는 고사성어를 알고 있을 것이다. 세 번을 다시 찾아가 모셔왔다는 그 이야기는 여러 번을 반복한 유비의 열정과 겸손 그리고 애절한 간곡함이 있었다. 후에 그 제괄량을 얻음으로서 유비는 천하를 갖게 되어 진다. 사실 유비는 실패의 아버지라고 해도 과언이 아니다. 수많은 격전을 치루지만 자주 실패한다. 황건적과의 싸움에서도 참패하기도 하고 여포에게도 원술에게도 조조에게도 종종 패전하며 수많은 전투에서 겨우 살아남게 된다. 그러나 정치나 전략적으로 뛰어나지 않고 용맹하지도 않은 유비가 자신의 꿈을 이루고 천하를 움직인 것은 무엇 때문일까. 무엇이 그를 영웅으로 만들었을까. 유비는 인(仁)과 덕(德)으로 사람들에게 공감을 끌어냈다. 관계적 지능이 아주 높은 것이었다. 그의 의리와 인간미로 사람들에게 호감으로 그 주변을 지키게 했으며 장비, 관우, 제괄량 같은 인재를 품을 수 있었다. 또한 그는 의지력이 뛰어난 인물이다. 무수히 실패해도 싸움에 져도 늦게까지 결과가 나타나지 않더라도 유비는 그의 도전을 멈추지 않았다. 대부분은 실패가 계속되면 포기해 버리지만 유비의 지속적인 인내심은 결국에는 그에게 성공의 결과물을 안겨 주었다. 실패해도 좌절하지 아니하는 유비의 근성을 모두가 존경하는 이유이다.

실패는 두려운 것이 아니라 도전해 보지 못함을 두려워해야 하지 않을까. 불광불급(不狂不及) 미치지 않으면 미칠 수 없다. 살아가면서 미쳤다는 말을 들어보지 못했다면 당신은 제대로 도전해 본 적이 없는 것이다.

우리는 생각에서 성공과 실패가 좌우되기도 한다. 간절함이 그것을 좌우하기도 한다. 간절함이 없는 젊음은 열정을 이야기 할 수 없다. 두려움이 없는 도전이 어디 있겠는가.

꿈을 꾸는 사람들을 위한 별들의 도시, 영화 《라라랜드》는 가난하고 기약 없는 두 남녀 예술가가 서로의 꿈을 쫓는 과정이 그려진다. 그 누구도 꿈이라는 것은 이런 것이다 정확하게 꺼낼 수는 없지만 그것은 아주 차가운 강물에 뛰어들어 한 달을 감기로 고생하고도, 다시 돌아간다고 하여도 여전히 같은 선택을 할 만한 미쳤구나 싶을 정도로 바보 같은 무모함을 껴안은 강렬한 충동이자 간절함이다. 《라라랜드》에서 주인공 세바스찬과 미아의 대사에서는 열정이 얼마나 황홀한 경지인지를 잘 보여주고 있다.

"어디로 갈지는 중요하자 않아. 내겐 이 느낌만 있으면 돼. 심장의 두근거림"
"사람들은 다른 사람들의 열정에 끌리게 되어 있어. 자신이 잊은걸 상기시켜 주니까"
"언덕을 넘어 높은 곳으로 반짝이는 빛 모두 쫓으리 때로는 넘어져도 일어나면 그만이야"
"잿더미에서 다시 살아나는 불사조처럼 다시 날아오를 거야"

영화 《라라랜드》의 주인공들의 삶이 결코 허황되게 우리의 삶과 동떨어진 이야기는 아닐 것이다. 인생의 고비를 넘기고 싶은가? 그렇다면 실패의 개념을 다시 정의해라. 어떻게 정의하느냐에 따라 실패는 절대로 건널 수 없는 사막이 되기도 하고, 생각보다 쉽게 건널 수 있는 사막이 되기도 한다.

나는 여러분이 아름다운 삶을 꿈꾼다면 남과는 좀 다른 꿈을 꾸길 바란다. 실패는 꿈을 꾸는 자만이 누릴 수 있는 호사이다. 무엇이든 즉흥적으로 결과물을 만들어 내어야 하는 냄비근성이 만연한 현대사회에서 몇 번의 실패를 두려워하여 시도도 할 수 없는 청춘이 있다면 이는 청춘이 아니다. 오늘이 다르고 내일이 다른 열정적인 활동가이기를 바란다.

✿ ✿ ✿ ──

　미래를 그려보고 계획하는 일은 대학생들에게 반드시 필요하다. 이번기회를 거울삼아 목표가 분명해지길 기대한다.

　'화석선배'라는 단어가 있다. 화석선배란 졸업 후 취업을 걱정하여 휴학을 하며 학생의 신분을 유지하고 있는 대학생을 뜻한다.

　화석선배라는 말을 들으며 졸업을 연기하는 이유는 무엇인지? 알바몬이 대학생을 상대로 졸업 연기에 대한 설문조사(2016)를 실시한 결과 "진로 탐색과 미래를 위한 준비의 시간을 갖고 싶다(23.3%)"는 답변이 가장 많았다.

──

　　　* 졸업에 대한 대학생들의 생각
　　　1. 걱정된다(41.7%) 2. 막막하다(21.8%)

　　　* 졸업 연기를 선택한 이유
　　　1. 진로탐색과 미래를 위한 시간을 갖고 싶다(23.3%)
　　　2. 자기계발 시간을 갖고 싶다(16.9%)

──

　이러한 현상은 그만큼 취업에 대한 부담감이 크다는 방증이다.

　그러면 이러한 문제점이 자기 자신에게 처하지 않기 위해서는 어떻게 해야 할까?

　"내가 무슨 일을 하고 싶어 하는가?"에 대한 충분한 고민의 시간이 없었기 때문이다. 당당하게 졸업을 맞이하고 싶다면 대학생활동안 자신의 꿈이 무엇인지 찾아보고 신중하게 결정 짓는 준비의 시간이 반드시 필요하다.(진로가이드-경상대학교 인재개발원)

■■■◆ **꿈을 찾기 위한 노력**(상세하게 적어보자) ──────────

◘ 내가 꿈꾸는 20 ~ 60대 ◘

✦ **20대**

1. 목표

_____

_____

_____

2. 20대 꿈꾸는 이상적인 삶

_____

_____

_____

✦ **30대**

1. 목표

_____

_____

_____

2. 30대 꿈꾸는 이상적인 삶

_____

_____

_____

✦ **40대**

  1. 목표

    _____

    _____

    _____

  2. 40대 꿈꾸는 이상적인 삶

    _____

    _____

    _____

✦ **50대**

  1. 목표

    _____

    _____

    _____

  2. 50대 꿈꾸는 이상적인 삶

    _____

    _____

    _____

✦ 60대

1. 목표

2. 60대 꿈꾸는 이상적인 삶

꿈꾸는 비젼 당당히 밝혀라.

1. 삶의 리더를 꿈꾸는 사람

미래를 예측하는 가장 좋은 방법은 내가 미래를 창조하는 것이다. 즉 내가 꿈꾸는 비젼이 나를 바꾸며 나를 만든다. 삶의 방향을 설정하고 비젼을 통해 가슴으로 내 열정에 대한 그림을 그려 나가야 한다. 내 삶의 목표는 무엇이며 그 목표를 위해 방향을 어찌 잡을 것인가에 대한고민은 젊은 열정가들의 몫일 것이다.

오프라 윈프리는 못생기고 가난한 흑인으로 태어나 성폭행과 마약중독, 미혼모라는 방황의 10 대를 보내게 된다. 그 얼룩진 역경을 딛고 그럼에도 세계지도자상 에미상 수상의 영광을 얻고 MC 와 모델, 방송국 CEO까지 전 세계 가장 영향력 있는 명사 1위로 선정된 열정가이다. 오프라 윈프리는 사람의 마음을 움직이는 힘을 가지고 있다. 그러한 자신의 장점을 두각 시키는 데에는 역경의 줄거리도 한몫을 했을 것이다. 자신이 살아온 어두운 과거를 어떤 사람들은 감추려고 하며 벗어나려 하지만 오프라 윈프리는 상대방의 처지를 이해하는 친화력의 도구로 사용하였다. 현명한 사람은 썩은 나무둥지라도 기물로 만들지만 어리석은 사람은 뗄감으로 밖에는 그 사용이 되질 않는다.

삶의 리더를 꿈꾸는 사람은 그들만의 강인한 리더십을 가지고 있다. 대표적인 예로 2002년 월드컵의 4강 신화를 이끌어낸 히딩크 감독을 들 수 있다. 그는 조직의 회생과 발전을 위하여 그 조직내에 서로 몰입을 강조하는 비젼을 제시하고 이를 끌고 나가며, 선수 선발의 공정성과 선수 각개인의 장점과 특성을 잘 이끌어 내어 칭찬과 소통 그리고 격려를 통해 동기부여를 심어주고 신뢰를 받는 강인한 리더십을 보여 주었다. 목표를 향해 나아갈 때 변혁적이지만 탄력적인 리더십을 보여줌으로써 최고의 성과를 이루어낸 최고의 리더일 수밖에 없다.

또 하나의 예를 더 들어본다면 우리는 방송인 유재석의 오랜 인기를 다들 부러워한다. 이는 유재석이 가지고 있는 인간적인 리더십을 칭찬하지 않을 수 없다. 내가 아닌 남에 대한 봉사나 헌신이 밑바탕이 된 리더십으로 자신의 이익이 아니라 조직 구성원과 그리고 조직을 우선으로 이끌어 나간다. 그의 본질은 인간에 대한 사랑이다. 동료를 사랑하고 게스트를 사랑하며 상대방에게 단기적인 감정이입이 아니라 지속적인 관심과 애정을 쏟는다. 상대방의 고민을 들을 줄 알고 관심사에 함께 호응한다. 방송인 유재석의 지속되는 인기의 비결이 어찌 보면 아주 대단한 것에서 오는 것이 아니라 간과할 수 있었을 정성에서 오는 것이므로 삶의 리더를 꿈꾸는 젊은이라면 한 번 귀 기우려 보아야 할 것이다.

* 지구촌 시민으로서의 나: 세계화 시대에 지구촌의 문제들에 대한 나의 생각을 시각적으로
  표현하고 서로 이야기하기- 당당하게 표현하기!!

게릴라 걸스(Guerrilla Girls)의 포스터(디지털 이미지/1985)

앵그르(Ingres, Jean Auguste Dominique/ 1780~1867/프랑스)
그랑 오달리스크(캔버스에 유채/91×162cm/1814)
- 누드 작품의 85%가 여성이라는 내용
남성 중심의 미술계에 대해 항의

 우리는 모두가 리더를 꿈꾼다. 젊은이들의 꿈이 자신이 속한 관계에서나 그 소속에서 리더의
삶을 갈망하고 그들을 존경한다. 그러나 삶의 리더를 이룬 사람들은 그냥 하루아침에 이루어진
것이 아니다. 오프라 윈프리나 히딩크도 방송인 유재석도 자신의 삶을 잘 개척해 나간 리더이다.
성공한 리더들의 삶을 들여다보면 그들은 그들만의 공통된 특징을 가지고 있으며 자신 본연의 독
특한 장점을 살릴 줄 안다.

 첫째, 그들은 리스크 관리자로서의 능력을 갖추고 있다. 실패를 두려워하지 않으며 위험 가득한
미지의 상황에도 도전하는 것을 마다하지 않는다. 여기에 필요하다면 대담한 전략까지도 불사한다.

둘째, 모든 상황을 한눈에 꿰뚫고 있다. 자기분야의 완전한 전문성을 지닌다.

셋째, 사람을 감동 시킨다. 타인을 감동 시키는 일은 쉬운 일이 아니다. 타인의 마음을 꿰차지 않는 이상 타인의 마음까지 움직일 수는 없다.

넷째, 미래에 대한 비전을 제시한다. 성공하는 리더는 항상 가슴속에 비전을 품고 있다. 오늘은 어려운 현실에 직면하더라도 미래를 약속하는 기반으로 사람들을 이끈다.

다섯째, 뛰어난 전략가이다. 즉흥적이지 않고 전문지식과 안목을 가지고 전략을 수립하며 전략에 통찰력이 있다. 또한 자신이 수립한 전략과 전술을 주변 사람들에게 정확하게 전달하고 그에 따라 행동할 수 있게 이끈다.

여섯째, 변화를 사랑한다. 성공한 리더 중에 변화를 두려워하는 사람은 없다. 한결같이 쉽게 변화에 적응하며 그 변화를 자신에게 스며들게 만든다. 고인 물이 썩기 때문에 스스로 변화 속에 몸을 담고 흐름 속으로 들어가는 것을 두려워하지 않는다.

일곱째, 겸손하고 솔직하다. 자신에게 당당한 사람은 모든 것에 솔직하고 투명하다. 그 솔직함 때문에 가슴속으로부터 진솔한 이야기가 나올 수 있는 것이다.

여덟째, 책을 많이 읽는다. 성공한 대다수의 사람들은 독서광이다. 타인의 삶이나 생각을 관망할 줄 알고 수많은 정보를 책을 통해서 습득한다.

아홉째, 위기를 기회로 바꾼다. 불확실한 위험 속에서도 상황을 최대한 유리하게 이끌어 완벽하게 무에서 유를 창조한다. 주어진 상황을 최대한 이용하여 위기를 기회로 역전시키는 능력, 그런 능력을 가진다.

열번째, 설득을 잘 시킨다. 성공한 리더일수록, 자신이 처한 상황이 좋지 않을 때일수록, 이를 논리적으로 설득할 줄 알며 상대방의 논리가 타당할 때는 설득 당하는 것을 두려워하지 않는다.

내 삶의 리더를 꿈꾼다면, 여러분도 이같이 한번 도전해 보라길 바란다.

우리는 간혹 당신의 좌우명이 무엇인지 질문을 받게 된다. 좌우명(座右銘)은 앉은 자리의 옆이라는 뜻으로 늘 자리 옆에 갖추어 두고 반성의 재료로 삼는 격언을 이르는 말이다. 세상을 바꾸는 리더들에게는 그들만의 약속과도 같은 좌우명이 있었다. 리더는 특별한 재능을 가진 사람이 아니다. 평범하지만 비범한 노력을 게을리 하지 않은 사람이 리더로 성장한다. 리더들의 좌우명은 또 다른 사람을 리더로 이끌어 내기도 한다.

삶의 리더를 꿈꾸는 사람은 당당하게 자신의 목표와 비전을 좌우명에 새기며 열정적으로 삶을 개척해 나간다. 이기적이지 않으며 타인의 삶을 존중한다. 그러한 젊은이들은 인생의 지휘봉을 휘두르며 방향의 키를 잘 맞추어 주도적인 삶을 살아가는 이 시대의 건강한 청년이 아닐 수 없다. 청춘들이여 당당해져라!

1. 본인의 좌우명 10가지를 적어보자!

_____

_____

_____

_____

_____

_____

2. 긍정의 힘으로!

믿는 대로 된다.

이것은 이 시대를 살아가는 젊은이들에게 얼마나 아름다운 메시지인가!

삶의 변화는 생각의 변화에서 출발한다. 우리의 생각과 말은 자신에 대한 예언이다. 말한 대로 되고 생각한대로 이루어진다. 우리는 누구나가 행복하기를 원한다. 자신이 행복해지기 위한 첫걸음은 바로 자신을 긍정적으로 바라보아야 한다는 것이다. 긍정적이지 못한 사람은 피해의식에 사로잡혀 자신을 태워 무너뜨릴 뿐 아니라 주변까지도 말려 버린다. 대다수의 성공한 사람들은 긍정의 힘을 믿고 그 긍정적인 사고가 자기 자신 열망의 자양분이며 에너지원인 것을 부인하지 않는다. 그러므로 긍정의 힘은 삶을 변화 시키는 촉매제가 되어 준다.

자신이 믿고 의지하는 주치의가 가짜 약을 가지고 진짜약이라고 처방하여 복용하게 하면 진짜약을 복용하는 효과를 가지게 되는 경우를 접하게 된다. 자신이 신뢰하는 것에 대한 "~이다"라는 확신이 긍정적인 효과를 만들어 내기 때문이다. '보약을 주고 독약이라고 하고, 독약을 주고 보약이라고 하면 보약을 마신 사람이 죽어 버린다.' 라고 하는 속담이 있듯이 인간의 사고가 얼마나 유동적이고 나약할 수 있는지를 우리는 알 수 있다. 그 유연할 수 있는 인간이기에 우리는 끊임없이 자신에게 긍정의 에너지를 불어 넣어 목표에 대한 가능성을 만들어 낼 줄 알아야 한다. 또한 긍정의 힘을 믿는 사람들은 자기 체면에도 무척 강하다. 괴테는 "우리는 결코 남에게 속지 않는다. 우리는 스스로 속는다"라는 말로 잠재의식 속에 들어있는 힘을 믿었다. 자신이 되고 싶은 모습을 가능한 구체적이고 생생하게 머릿속에 떠 올리는 이미지트레이닝을 통해서 우리는 긍정의 효과를 만족스럽게 만들어 낼 수 있다.

무엇을 경험하고 바라보느냐도 중요하지만 어떻게 바라보느냐가 더욱 중요한 가치로 부각되는 사회이다. "무엇" 이라는 주체보다 "어떻게" 라는 방법은 과정의 중요성을 강조한다. 결과만을 중시하는 사회에서 과정 속에 겪을 긍정적인 방법 제시는 결과를 한층 더 빛나게 할 뿐만 아니라 자신의 목표가 가치 있는 것임을 확인 시켜 준다.

부정적인 사람이 성공에서 멀어질 수밖에 없는 이유는 무엇일까?

1950년대 스코틀랜드 어느 항구에서 포루투갈의 리스본으로 되돌아가는 포도주 운반선에 한 선원이 냉장창고에 갇혀 버렸다. 냉장고 문이 잠기는 바람에 갇히게 되고 아무도 그것을 알아 차리지 못했다. 배는 출발하고 점차 그의 몸이 차가워지는 것을 느꼈다. 냉기가 온통 몸을 감싸고 시간이 지나면서 온몸이 하나하나 얼음처럼 굳어져 가는 것을 느꼈다. 마침내 배가 리스본에 도착한 후, 다른 선원들이 와인을 싣기 위해 창고 문을 열었을 때 차갑게 얼어 죽어있는 선원을 발견했다. 그는 "몸이 점점 얼어붙고 있다. 이제 나는 곧 죽을 것이다"라는 글을 남기고 죽어 있던 것이다. 이것을 발견한 선장과 선원들은 깜짝 놀랐다. 쪽지의 내용과는 다르게 창고의 온도는 상당히 높았던 것이다. 실내온도를 측정해 보았더니 그 창고의 온도는 영상 19도였고 그 냉장고에는 충분히 먹을 수 있는 음식들도 있었다는 것이다. 영상19도 창고안의 선원은 왜 죽었을까. 곧 얼어 죽을 것이라는 두려움이 실제 그의 몸을 얼어붙게 만들어 버린 것이다. 생각의 힘, 이것은 실로 무서운 것이다.

부정적인 사람은 자신의 존재를 깎아 내려버리는 경향으로 인해 가치가 하향으로 내려꽂힌다. 부정적 감정은 비난으로부터 오는 것이며 그것은 남이 될 수도 있고 자기 자신이 되기도 한다. 습관을 바꾼다는 것은 결코 쉬운 일이 아니다. 부정적인 사람은 열등감과 낮은 자존감으로 타인으로부터 관심을 끌기 위해 루머나 험담을 일삼기도 한다. 타인을 끌어내려야 자신이 더 높아진다고 생각하기 때문이다. 이것만큼 어리석은 것이 없다. 주위를 돌아보았을 때 그러한 사람을 보게 된다면 부정적인 사람의 그러한 행동이 도리어 부메랑처럼 그 사람을 향하는 경우를 우리는 목격하게 될 것이다.

부정적인 상황을 긍정적으로 바꾼 사람으로 평생을 시한부인생으로 살아온 스티븐 호킹 박사를 들 수 있다. 21살의 나이에 전신근육이 서서히 마비되는 루게릭병 진단을 받게 되는 그를 의사들은 몇 년을 살지 못할 것이라 예상했지만 그것은 기우에 불과했다. 병명을 진단 받은 후 55년이 넘게까지도 이 시대를 살아가고 있다. 하물며 손가락 두 개를 제외하고는 움직일 수 없고 몸을 일으킬 수조차 없는 호킹 박사지만 그의 연구에 대한 열정은 막질 못했다. 오래 살지 못할 것이라는 예상이 자신을 더 열심히 살게 했고 더 많은 일들을 하게 했다. '고개를 들어 별을 보라 당신의 발만 보지 말라'는 그의 말에는 자신의 처지에 대한 불만이나 불안이 아니라 긍정적으로 삶을 대하는 그의 의지를 보여준다. 역경 속에서도 위대한 업적을 남기고 있는 성공하는 사람의 대다수가 자신의 처지에 대한 부정과 불만이 아니라 자신이 이루고자 하는 열정에 모든 에너지를 쏟는다는 것을 볼 수 있다. 호킹에게 강연자가 질문을 던졌다. "호킹 교수님께서는 신을 믿지 않는다고 말씀하셨는데 살아 가는데에 도움이 될 만한 특별한 철학이라도 있으신가요?" 그러자 그는 이렇게 대답했다. "우린 1000억개 은하계의 주변에 있는 아주 평범한 별의 주위를 공전하고 있는 작은 행성에 사는 진보된 영장류에 불과합니다. 하지만 문명이 시작된 후로 인간은 보이지 않는 세상의 질서를 탐구해 왔습니다. 우주의 경계조건엔 분명 뭔가 특별한 그 무엇이 있습니다. 경계가 없다는 것, 그보다 더 특별한 건 없습니다. 인간의 노력엔 어떤 한계도 없습니다. 우리 모두 다릅니다. 삶이 아무리 힘들어도 우린 뭔가 할 수 있고 이룰 수 있습니다. 생명이 있는 곳엔 희망이 있습니다." 인간에겐 한계가 없으며 무한한 가능성이 있다는 것을 몸이 불편한 호킹이 몸이 온전한 사람들에게 던져 주는 메시지이다.

희망적이고 긍정적인 사람은 자신의 삶을 개척하고 노력하여 성과를 이루어 내지만, 부정적인 사람은 자신에게 있는 조그마한 성과조차도 없애 버리고 녹여 버리는 차가운 결과를 만들어 낸다. 부정적인 생각은 자신뿐만 아니라 그 주변까지도 나약하게 만드는 것이므로 부정적인 사람의 곁에는 절대로 성공적인 삶을 사는 사람들을 만나볼 수가 없다. 부정적인 사람은 목표에 대한 방향부터 부정적으로 보기 때문에 어떠한 성공도 장담할 수가 없는 것이다. 어쩌면 그가 만들어낸 결과까지도 그는 부정하고 있을지 모른다.

위에 민준(Yue Minjun/1962~/중국)
무제(종이에 리소그래피)

3. 노력 없는 성공을 믿는가!

중국 송나라 때 강서성 금계현에 방중영이라는 아이가 살고 있었다. 중영의 집안은 대대로 농사일을 하고 있어 어린 중영은 한 번도 글씨 쓰는 도구를 구경한 적이 없었다. 그런데 다섯 살 되던 해에 어린 중영이 어른들에게 붓과 벼루, 종이를 달라고 떼를 썼다. 아버지는 이상한 생각이 들었지만 아들이 원하는 것을 구해 주었다. 그러자 중영은 종이위에 거침없이 시를 써 내려간다. 이런 아들이 신기해서 아버지는 이를 온 동네에 자랑했고 사람들도 칭찬을 아끼지 않았다. 소식을 전해들은 고을 원님은 마을에 신동이 났다며 기뻐하여 방중영의 아버지에게 큰 상을 내렸다.

부자들 역시 아이가 큰 인물이 될 거라며 투자한다는 생각으로 아끼지 않고 돈을 주게 된다. 그러자 욕심이 생긴 아버지는 아들을 데리고 이곳저곳을 돌아다니며 자랑하기에 바빴다. 아버지 손에 돈 벌이로 이끌려 다닌 방중영은 그 뒤로 영영 공부할 기회를 놓치고 말았다. 결국 더 이상의 노력이 없자 그의 총명함도 바닥이 드러났다. 큰 인물이 될 재목이었지만 노력이 없는 자에게 성공이라는 결과는 주어지지 않는 것이다. 남보다 뛰어난 재주를 가지고 태어난 아이들이 헛된 욕심 때문에 보통사람이 되어 버리는 경우가 허다하다. 자신의 능력을 힘써 개발하고 갈고 닦지 않는다면 방중영처럼 아무리 타고난 천재라도 둔재가 되고 만다는 교훈이다.

록스타가 되고 싶은 사람이 있었다. 그는 굉장한 기타음악을 들을 때마다 눈을 감고 자신이 무대 위에서 연주하고 군중들이 환호하는 장면을 상상하곤 했다. 이 꿈은 대학 시절 뮤직스쿨을 그만두고도 없어지질 않았다. 정말 군중 앞에서 연주할 것인가는 기정사실이었지만 언제 어떻게가 문제일 뿐이었다. 그러나 그는 시간과 노력을 들일 시간을 계속 미루었다. 먼저 학교공부를 끝내야 했고, 그 후에는 생계를 위해 돈을 벌어야 했고, 그 후에는 시간을 찾아야 했다. 그리고 결국 아무것도 하지 않게 되었다. 인생 내내 꿈꾼 일은 결국 오지 않았고, 후에 되돌아보았을 때 그가 깨달은 것은 한 번도 이를 제대로 원하지 않았다는 것이다. 그는 결과물에만 빠져 있었으며, 무대에서 연주하는 자신과 환호하는 군중, 음악에 빠져있는 나 자신이라는 이미지에만 빠져 있었던 것이다. 그곳에 다다르는 과정은 빠져 있던 것이다. 정상에 서있는 자신을 꿈꿨으나 정작 등산은 즐기지 않았다는 걸 깨달은 것이다. 무언가를 원했다고 생각했으나 사실 원하지 않았던 것이다. 그는 그 상을 원했지 그곳에 이르는 고군분투를 원하지 않았으며 결과를 원했지 그 과정을 원했던 것은 아니었다. 그리고 세상은 그렇게 움직이지 않았다. 운동과 트레이닝을 즐기는 사람은 건강하고 좋은 몸매를 얻는다. 일과 사내정치를 하는 사람은 승진할 수 있다. 배고픈 아티스트의 라이프스타일과 스트레스를 즐기는 사람이 결국 그 길을 택하는 사람이 된다. 나 자신이 선택한 그 길이 지금의 나를 만드는 것이다.

성공을 위해서는 자신이 목표한 것에 열정을 가지고 끊임없는 노력이 동반 되어져야 한다. 처음부터 완벽한 능력을 가지고 태어나는 사람들은 흔하지 않다. 성공은 열심히 노력하면서 기다리는 사람에게 찾아오는 기회이다. 우리는 역사 속에 만들어진 모든 결과물들이 노력과 피나는 의지에서 만들어진 것을 알고 있다. 만리장성과 피라미드가 상상으로만 있는 건축물이 아니지 아니한가. 위대한 그 결과물 앞에서 우리는 사진을 찍어대고 감탄만 할 것이 아니라 그 돌 하나조차 누군가의 손길에 이루어졌음을 기억해야 한다.

성공도 마찬가지이다. 성공으로 가기 위해선 만리장성이나 피라미드의 그 밑돌 하나처럼 자신이 만들어 나가야 하는 성과를 하나씩 쌓아 올려야 한다. 하나의 성과가 두 개, 세 개의 성과로 나아가 수많은 성과물을 만들면서 우리는 성공했다. 라는 칭송을 받게 된다. 모든 것이 하루아침에 쌓여진 만리장성이 아닌 것이다.

4. 꿈의 공간을 열어주는 지속력

우리는 위인들의 일화를 접하면서 그들의 끈질긴 근성이 아니었으면 역사속에 묻혀 버렸을 사건이나 결과물들을 종종 접하곤 한다. 그 지속적인 근성으로 인하여 역사에 길이길이 남을 명작들을 우리가 향유하고 있다. 루시 몽고메리의 "빨강머리 앤"이 그 대표적인 예이다. 명랑하고 솔직한 성격의 소녀가 매튜 아저씨와 마릴라 아주머니에게 입양 되면서 그 속에서 겪는 가슴 따뜻한 소녀의 성장기를 다룬 이야기이다. 빨강머리 앤은 전 세계 아이들뿐만 아니라 어른들에게도 동심의 세계를 불러일으키는 가슴 따뜻한 이야기로 감동과 순수를 선물한다. 이러한 빨강머리 앤의 저자 '몽고메리'는 교직과 신문사 직원을 거치면서도 자신이 하고 싶은 글을 쓰는 일은 계속하며 끊임없이 원고를 출판사에 보내는 일을 반복하게 된다. 그렇지만 실패를 거듭하게 되고 다시 돌아오는 원고를 보면서도 그는 포기를 하지 않는다. 계속된 그의 지속적인 끈기가 빨강머리 앤을 탄생 시킨 비화이다.

'프리다 칼로'는 소아마비로 오른쪽 다리가 휘어서 다리를 절었다. 목발의 프라다라는 별명은 그녀에게 깊은 상처를 남겼으며 18세 되던 해 교통사고로 인하여 온몸이 부서지는 고통을 당하게 된다. 꼼짝을 못하고 누워있으면서 칼로는 그 지루함과 고통을 이겨내기 위해 그림을 그리기 시작했다. 육신이 망가져도 무언가에 열정이 가득했던 칼로는 얼마 지나지 않아 침대의 캐노피 윗부분에 거울을 달고 자화상을 그리기 시작했다. "나는 자주 혼자여서 또 내가 가장 잘 아는 주제가 나이기에 나를 그린다." 칼로는 사랑하는 사람을 만났지만 계속되는 불행한 결혼생활로 여성으로서의 삶은 성공적이질 못했다. 칼로는 자신의 그림 속에서 고통스러운 생을 강렬하고 충격적으로 그려냈다. 그는 관능적이고 개성 강한 자의식의 세계를 재창조하는 초현실주의적 그림을 그렸지만 그것은 그녀에게는 현실이 아닐 수 없었다. 한 인간이 어떻게 이렇게도 불행이 계속 되는가라는 가여운 마음이 들지만 그의 그림들은 강렬하고 충격적인 화풍으로 평생을 온전한 몸으로 살 수 없었는데도 좌절하거나 포기하지 않은 그를 표출한 내면이기도 하다. 끊임없이 자아와 싸운 흔적들을 그의 작품을 통해 만나볼 수 있는 것이다.

꿈을 이룬 사람들은 지속적으로 자신의 꿈을 단련시킨다. 오랜 시간 단련시킨 자신의 꿈을 현실화 시키는 사람이야말로 삶의 승리자가 되는 것이다. 당신의 가슴속 깊이 새겨둔 꿈의 창고에 꼭꼭 숨겨 둔 열정을 찾아보길 바란다. 혹시나 현실성이 없다는 이유로, 나와는 잘 맞지 않을 것 같다는 이유만으로 시도해 보기도 전에 포기해 버린 꿈이 있다면 다시 한 번 용기를 내어 보자. 가장 큰 싸움은 내 자신과의 싸움이다.

스스로 용기를 내기로 결심했다면 가장 힘든 싸움에서 승리했다는 뜻이다.

칼로(Kahlo, Frida/1907~1954/멕시코) 가시 목걸이와 벌새가 있는 자화상(캔버스에 유채/62.3×47.6cm/1940)

5. 기회도 잡아야 내 것이 된다.

기회의 신 카이로스에 대한 이야기를 해보자. 앞머리가 무성한 이유는 사람들로 하여금 내가 누구인지 금방 알아차리지 못하게 하고, 나를 발견했을 때는 쉽게 붙잡을 수 있도록 하기 위함이고, 뒷머리가 대머리인 이유는 내가 지나가고 나면 다시는 나를 붙잡지 못하도록 하기 위함이며, 발에 날개가 달린 이유는 최대한 빨리 사라지기 위해서이다. 저울을 들고 있는 이유는 기회가 앞에 있을 때는 저울을 꺼내 정확히 판단하라는 의미이며, 날카로운 칼을 들고 있는 이유는 칼같이 결단하라는 의미이다. 나의 이름은 "기회"이다.

기회는 자기 목표를 향해 꾸준히 노력하는 사람에게 주어지는 신의 선물이다. 살면서 적절한 타이밍에 오는 운이라고도 하고 어쩔 수 없는 우연이라고도 여긴다. 그러한 운과 우연 또한 노력하는 사람에게 오는 것으로 그러한 사람들이 잡을 수 있는 기회이다.

매일 아침 당신에게 시간이라는 돈을 입금해 주는 은행이 있다. 단, 이 돈은 당일이 아니면 찾을 수 없으며 내일이 되는 순간 사라진다. 만약 당신이라면 이 돈을 어떻게 하겠는가? 당연히 내일이 되기 전에 모두 인출해서 사용할 것이다. 마찬가지로 매일 우리에게 주어진 시간은 이와 같다. 매일 우리에게 시간이라는 돈이 주어지지만 사용하지 못하고 버려진 시간은 그냥 사라질 뿐이다. 우리는 이미 시간이 얼마나 소중한지 알고 있다. 하지만 우리는 아쉬움을 느끼기 전에는 시간이 소중하다는 사실을 망각한 채 살아간다. 젊은이들의 꿈을 향하는 과정 속에서 그들은 시간의 소중함을 인식하고 순간적 기회에 대한 열정을 감지해야 한다. "기회가 왔을 때 잡아라."는 말은 평범한 이야기이지만 오랫동안 심장 속에 박혀 보석과도 같은 교훈으로 남는다. 기회는 완벽한 모습으로 다가오지 않는다. 지금까지 자신이 경험해 보지도 해내지도 못했던 일이니 '기회의 방문'에 설레는 것도 잠시뿐 '과연 잘할 수 있을까?'라는 두려움이 앞서게 된다. 하지만 가만히 생각해 보자. 기회가 온다는 것은 현재보다 성장한다는 뜻이고, 성장하기 위해서는 무거운 책임감, 부담감도 같이 떠안을 수밖에 없다. 기회의 크기만큼 책임의 부피도 함께 커지는 것이며, 그것을 감당할 수 있으려면 우리는 노력을 게을리 할 수가 없다.

기회도 잡아야 기회이다. 노력이 동반되지 않는 사람에게는 기회를 볼 줄 아는 지혜가 부족하다. 우리는 흔히 행운과 기회를 같이 놓고 보려고 한다. 하지만 기회는 미래를 향해 나아가는 첫걸음과 같은 것이며 행운은 그 뒤에 오는 멋진 결과물이다. 성공한 사람들은 자신에게 다가온 기회를 절대로 놓치지 않고 자신의 것으로 만들어 버리는 높은 경지의 투시력과 의지를 가지고 있다. 남들이 부러워만 하고 있을 때 그들은 그 기회가 자신에게도 머지않았음을 인지하고 자신의 온 힘을 투자한다. 그리고 자신의 앞으로 기회가 한 발자국 다가섰을 때 그것을 바로 낚아 챌 수 있는 순발력을 발휘한다.

태평성대에는 영웅이 나타날 수가 없다. 모두가 편안한데 영웅이 필요한가. 마찬가지로 기회도 자신이 쟁취하고자 하는 원대한 목표가 있을 때 그 진가를 발휘할 수 있다. 목표를 향해 난세처럼 달려 나가며 노력과 투지로 온 몸을 치장할 때 기회는 수없이 다가온다. 어리석은 사람은 기회를 포기하고 평범한 사람은 기회를 기다리기만 한다. 현명한 사람은 자기 스스로 기회를 만든다.

영화-미인도, 박성식

다른 사람보다 뛰어나고 싶으면 남보다 더 많은 고난을 견디어야 한다. 남보다 뛰어난 사람은 열정, 노력, 끈기, 집념, 의지 등 수많은 명칭이 따라 다닌다. 열정적 예술가, 노력하는 공부벌레, 끈기의 운동선수, 집념의 정치가, 의지의 탐험가 등 자신의 빛나는 업적 뒤에는 반드시 그만의 수식어가 붙어 다닌다. 그러한 수식어를 빛나는 훈장처럼 가슴에 달고 있는 사람들은 반드시 자신에게 주어진 기회를 나의 것으로 만든 사람들이다. 우리가 대중매체를 통해서나 위인전에서 또는 사람들의 입에서 회자되는 대부분의 유명인들은 자신의 기회를 자기의 방식대로 풀어낸 사람들이다. 기회에 앞서 노력하고 열정을 쏟아 부었기에 오는 결과였음을 우리는 직시해야 한다.

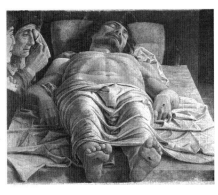

가스파 반 비텔(1653~1736/네델란드),
로마 성 베드로 성당, 캔버스에 유채,
11×57cm, 1711

10년 뒤에는 _____

20년 뒤에는 _____

30년 뒤에는 _____

… 여러분, 부디 10년 전에, 20년 전에, 30년 전에
나는 무엇을 하며 살아왔는지 뒤 돌아보고 자신을
원망하고 후회하지 않기를 진심으로 바랍니다.

IV. 내(우리)가 만드는 미래의 거울

꿈을 비추는
네 개의 거울

지금까지 살펴본 '거울 속의 나'와 '타자의 거울에 비치는 나', 그리고 '우리의 거울'을 통해 우리는 '나'에 대한 고찰과 공동체 속에서의 '나'에 대한 이해를 넓혀왔다.

이러한 과정은 궁극적으로 '미래의 나'를 찾기 위한 전제조건이라 할 수 있으며, 이를 통해 내가 주체가 되어 사고하고 결정하며 행동하는 '충분히 기능하는 사람'이 될 수 있다.

결과적으로는 효율적인 자기탐색과 자기발견의 결과물로써, 주관적인 행위적 의지를 형성하고 이를 주위 환경과 능동적이고 적극적으로 조화롭게 작용하는 자아형성에 목표를 둔다.

Life Road Map 작성하기

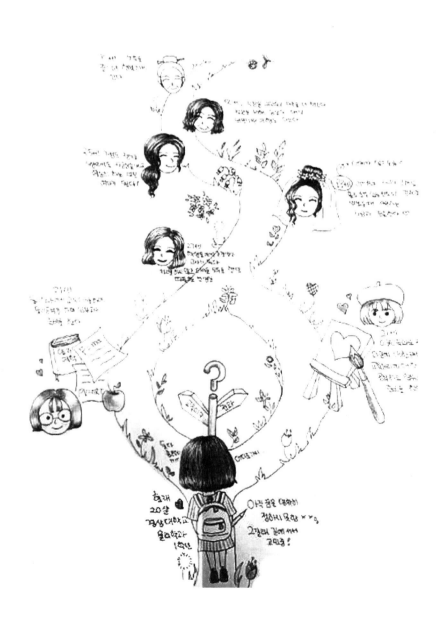

Life Road Map의 개념

- 로드맵(Road Map)이란, 지리적 공간에 존재하는 길이나 경로를 나타내는 이정표이다. 차량에서 길을 찾을 때 사용하는 네비게이션의 역할과 비교하면 이해가 쉽다.

- 로드맵의 대표적인 예로는 TRM, 즉 기술 로드맵을 들 수 있는데, 이는 1980년대 모토롤라(Motorola)에서 처음 개발한 것으로, 기획의 목적으로 많이 사용되는 기술 예측 방법 중 하나를 뜻한다.

- 기술 로드맵의 작성 목적은 다음과 같다.
  첫째, 시장, 제품, 기술 등의 변화추세와 상호작용에 대한 예측
  둘째, 제품이나 기술에 대한 계획
  셋째, 기술예측을 통한 미래기술의 객관적 가능성을 조사

기술 로드맵의 사례

다음은 모바일 핸드폰 제품을 생산하는 A 기업의 기술 기획 사례이다. 이를 통해 본 기술 로드맵의 작성과정 및 내용은 다음과 같이 크게 두 단계로 구분되며, 이를 통해 시장, 제품, 기술을 기반으로 한 실제 개발 프로젝트가 완성된다.

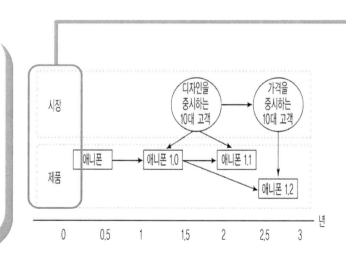

1단계: 대상분야 선정

　· 시장 환경과 경쟁 전략 분석
　· 핸드폰 관련 소비자 요구 파악

2단계: 제품 기능과 성능 결정

　· 고객 요구와 관련된 제품 특성 파악
　· 단계별 제품 출시 계획 수립

TRM Road Map: 다양한 관련 요소에 대한 고찰 아래 R&D 프로젝트 로드맵이 다음과 같이 완성되었다. 요소1은 시장의 요구, 요소2는 시장 반응에 대한 단계별 결과물, 요소3은 시장 요구 충족에 대한 준비된 기술 상황이다. 이를 Life Road Map에 적용하면 요소2와 3은 개개인의 준비된 정도와 현재의 상황이라 말할 수 있으며, 요소1은 사회적 가치, 즉 인간상에 비교할 수 있다. 그리고 이를 통해 도출된 R&D프로젝트가 바로 우리가 계획하고 있는 Life Road Map의 구체적인 내용이다. 파란색 화살표는 사고에 있어서 관점의 확대를 보여준다.

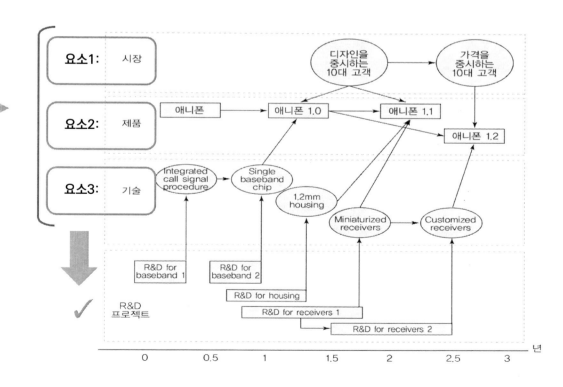

Life Road Map 작성하기

Life Road Map의 작성 과정은 다음과 같이 크게 세 단계로 구분된다.

준비활동	작성	후속활동
필요성 인식 범위 설정	대안 선정 목표 설정	작성된 로드맵 검증 정기적인 재평가 및 보완

준비활동에서는 Life Road Map 작성의 목적과 시간적, 내용적 범위에 대한 설정이 이루어진다. 작성 단계에서는 장기적 목적을 성취하기 위한 단계별 목표가 세부적으로 제시되며, 예상되는 문제에 대한 해결방안과 대안 점, 그리고 구체적인 시행방법 등이 결정된다. 후속활동은 작성된 Life Road Map에 따라 실행하는 과정으로, 이때 Life Road Map의 실제 구현 가능성에 대한 판단이 지속적으로 이루어지며, 필요한 경우 수정, 보완 작업이 동시에 발생한다.

Life Road Map 작성에 있어 다양한 도구의 활용이 가능하나 본서에서는 '개념도'를 활용하여 작성하고자 한다.

○ 개념도란, 특정 대상에 대한 개념과 속성을 논리적으로 설명하고 이해하기 위한 도구의 하나로써, 우리의 사고를 이해하기 쉬운 일반적인 단계에서 새롭고 특정한 단계로 유도하기 위해 위계적으로 도해화한 것을 말한다.

○ 이는 메릴(Merrill)의 단위요소전개이론에서 비롯된 정교화 설계이론(Reigeluth, 1983)에 그 근거를 두고 있다.

○ 정교화 설계이론은 어떤 지식이나 현상의 이해를 위해 전체적 윤곽을 제시하는 것으로부터 시작하여 체계적인 세부화 과정으로의 유도를 통해 이미 제시되었던 일반적이고 기초적인 내용으로 발전시켜 나가는 설계이론을 의미한다.

○ 개념도의 종류는 크게 위계형 개념도와 방사형 개념도로 구분되며 그 내용은 다음과 같다.

위계형 개념도

· Novak·Gowin(1984)
· 논리적인 사고의 흐름을 수직적이고 위계적으로 표현
· 두 가지 이상의 단위 활동 또는 개념들 간의 타당한 관계를 연결선과 연결어를 사용하여 표현

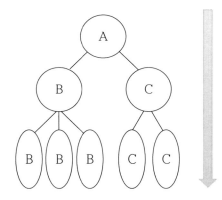

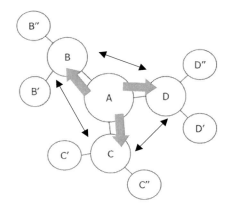

방사형 개념도

· Hirsch(1992)
· 주요 단위 요소에 대한 설명
· 개념 또는 요소들 간의 종적·횡적 관계 설명

위계형(수직적) Life Road Map의 예

위계형 개념도를 활용한 Life Road Map의 경우는 대부분 위에서 아래로의 수직적 형태를 띠고 있다. 수직적인 위계의 기준은 대부분 시간(의 흐름)이며, 방향적으로 위, 즉 과거의 어린 시기에서부터 시작하여 현재를 거쳐 미래로 가는 형식으로 되어있다. 반면 이러한 시간적 흐름을 위에서 아래가 아닌, 아래에서 위로, 또는 좌에서 우로의 방향으로, 즉, 수평적으로 표현되기도 한다. 그러나 이 역시 방향만 다를 뿐 시간 흐름에 따른 위계성은 동일하게 발견된다.

위계형 개념도를 활용한 Life Road Map 사례들은 위계형 개념도가 장기적인 관점보다는 단기적인 목표를 설정하고 그에 따른 실행 계획을 수립할 때 유용하다는 것을 보여준다.

위에서 아래로의 위계형 개념도

아래에서 위로의 위계형 개념도

좌에서 우로의 위계형 개념도

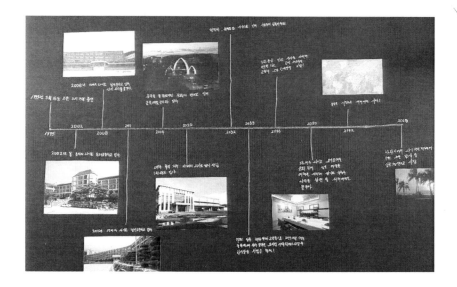

3차원적으로 형상화한 위계형 개념도

크리스마스 트리에 자신의 꿈을 장식물처럼 설치한 Life Road Map이다. 이 역시 위에서 아래라는 위계성을 띤 위계형 개념도이다. 특별한 점은 본인의 현재 관심사, 또는 중요하다고 생각하고 표현하고자 하는 것을 형상화함으로써 보다 분명한 의지와 내용이 드러난다.

방사형(수직, 수평적) Life Road Map의 예

방사형 개념도를 활용한 Life Road Map의 사례는 시간적 위계와 더불어 각 요소 간의 내용적 상관관계를 다양한 방법을 통해 제시하고 있다. 뿐만 아니라 이때 다양한 표현기법 및 양식을 사용함으로써 본인이 지향하는 꿈의 내용과 방향, 그리고 분위기가 보다 선명하게 드러나는 특징이 있다.

노트형식을 활용한
Life Road Map

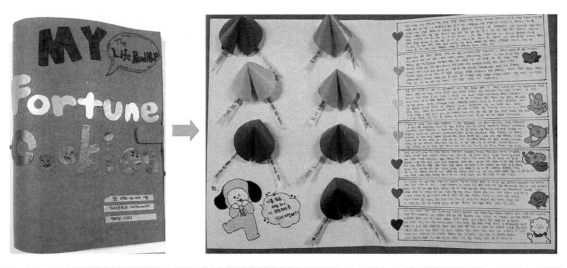

Instagram 형식의 Life Road Map

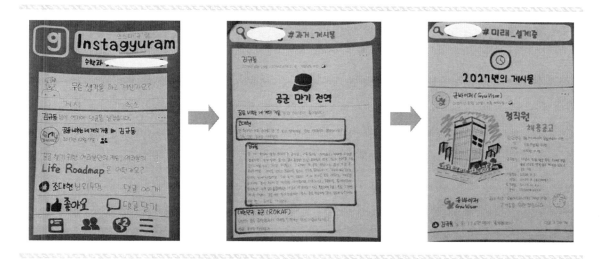

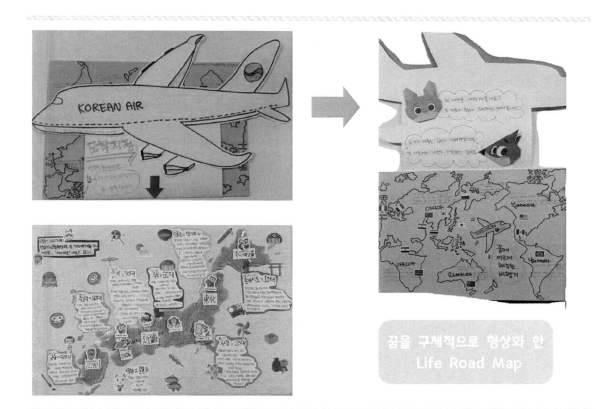

꿈을 구체적으로 형상화 한
Life Road Map

다음은 임수희학생이 작성한 방사형 개념도를 활용한 Life Road Map이다. Life Road Map 에 담겨 있는 주요 요소와 내용이 무엇인지 살펴보고 작성자의 의도에 대해 이야기해 보자.

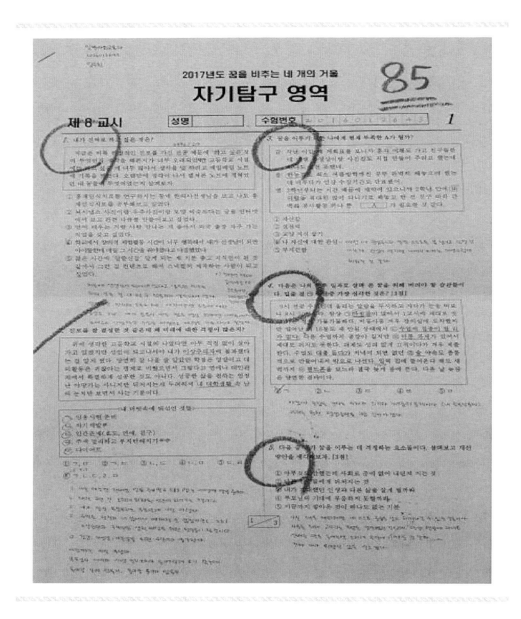

생각하기

다음의 질문에 대한 나의 생각을 정리해서 발표해 보자.

- 작성자의 과거 및 현재의 모습은 어떠한가?

- 작성자가 꿈꾸는 미래의 모습은 무엇인가?

- 작성자의 미래 모습은 동일 직업을 가진 사람들과 어떠한 차이를 보이는가?

- 작성자는 왜 이러한 형태의 Life Road Map을 만들었을까?

- 위 사례에서 발견되는 Life Road Map의 주요 요소와 내용은 무엇인가?

- 본인의 Life Road Map을 작성할 때 유의할 점은 무엇이라고 생각하는가?

내가 만든 Life Road Map

앞에서 학습한 수직적 관점과 수평적 관점을 잘 활용하여 '미래의 나'를 담고 있는 나만의 Life Road Map을 작성해 보자. 미래의 나는 '과거의 나'에서부터 시작하여 '현재의 내'가 갖고 있는 배경, 경험, 지식, 가치관, 관점 등 나의 모든 것이 반영되어 설계되어야 한다.

2

공동체 안에서의 '나의 꿈'
– 생각나누기

나 그리고 우리!

모둠활동

✔ 각자의 Life Road Map을 모둠원 앞에서 발표하고,

✔ 개인의 꿈이 모둠 안에서, 혹은 사회 안에서 어떠한 의미를 갖는 지에 대해 생각해 보고,

✔ 이에 대한 사고의 결과를 발표하기 위한 방법과 내용에 대해 논의해 보자.

☑ 모둠원 개개인의 Life Road Map

No.	이름	내용	나의 생각
1			
2			
3			
4			
5			
6			
7			
8			
9			
10			

☑ 모둠 Life Road Map

다음의 내용을 중심으로 모둠 Life Road Map 발표를 준비해 보자. 이때 모둠원 개개인의 Life Road Map 간의 상관관계에 유의하자.

조이름

* **조장**
* **발표주제**
* **주요내용**
* **역할분담**
* **준비 일정**
* **준비물**
* **기타 내용**

● 모둠 Life Road Map ●

주요 내용

제 목

모둠 Life Road Map 발표 후기

잊을 수 없는 순간들~

❖ 나는 누구인가?

❖ 나는 어떤 사람이고, 미래의 어떤 사람이 되기를 원하는가?

❖ 나는 이러한 바램에 대해 분명한 이유를 갖고 있는가?

❖ 이러한 이유는 어떠한 배경을 갖고 있는가?

❖ 나의 꿈은 내가 살아가는 사회로부터 어떠한 의미와 가치를 부여 받고 인정받을 수 있는가?

나는 소크라테스인가, 마틴 루터인가, 아니면 히틀러인가?

내가 만약 그들의 시대에, 그들의 세상에서 살았다면, 나의 모습은 어떠할까?

나는 이들 중 누구의 모습으로 살기를 원하는가? 또는 절대로 닮기를 바라지 않는 모습이 있다면 무엇일까?

그러나 이들의 거울은 나의 거울이 아니다. 이들이 나의 모습을 발견하는데 큰 거울의 역할은 할 수 있으나 결국 나의 거울은 내가 찾고 내가 만들어 가야 한다. 소크라테스나 루터가 그랬던 것처럼 … !

나는 사람들에게 돈에서 덕이 생기는 것이 아니라, 덕에서 돈뿐만 아니라 사적으로나 공적으로나 인간에게 유익한 모든 것이 생긴다고 가르칩니다. 만일 이러한 가르침이 젊은이들을 타락시키고 있다면, 나는 유해한 인간일 것입니다. (...) 나를 석방하시던지 석방하지 않으시던지 마음대로 하십시오. 설사 내가 여러 번 죽임을 당하게 되더라도, 나는 내가 하고 있는 일이 아닌 다른 일을 결코 하지 않을 것입니다

존엄하신 폐하와 높으신 분들께서 단순 명료한 답변을 요구하시므로, 저는 아무런 주석도, 단서도 붙이지 않고 대답하겠습니다. 만약 제가 성서의 증거나 명백한 이성에 의해서-저는 교황이나 종교회의의 결정만을 신봉할 수는 없습니다, 왜냐하면 그것들은 명백하게 틀렸거나 서로 모순된 경우가 많았기 때문입니다-다른 확신을 가지게 되지 않는 이상은, 저는 저의 양심과 신의 말씀에 사로잡혀 있습니다. 따라서 저는 어떤 것도 철회할 수가 없으며, 또한 그것을 원하지도 않습니다. 왜냐하면 양심에 거슬려 행하는 것은 안전하지도, 옳지도 않기 때문입니다. 저는 다른 결정을 할 수가 없습니다. 제가 여기 섰으니 신이여 나를 도우소서. 아멘!

──── 참고문헌

김영기, 한국미의 이해(이화여자대학교 출판부, 2006)

김원룡, 한국미의 탐구(열화당, 1998)

김종태, 동양화론(일지사, 1997)

김충식, 환쟁이의 이야기와 그림(양서각, 2006)

김충식, 쉽고 재미있는 한국화 그리기(학지사, 2001)

박용숙, 한국화 감상법(대원사, 2001)

샤토 에이분, 10대에 운명을 결정짓는 70가지 삶의 지혜(창작시대, 2011)

송수남, 한국화의 길(미진사, 1995)

안휘준, 한국회화사(일지사, 1988)

오광수, 한국현대미술사(열화당, 2004)

이강숙, 음악의 이해(민음사, 2002)

이구열,근대한국화의 흐름(미진사, 1993)

이겸노, 문방사우(대원사, 2001)

이수현, 꿈과 희망을 주는 메시지(플러스마인드, 2012)

이호신, 우리 그림이 신나요1,2(현암사, 2000)

임두빈, 한국 미술사 101장면(가람, 2001)

전영탁 · 전창림, 알고 쓰는 미술재료(미술문화, 2005)

조대현(2009). 이른 시기의 특정음악환경이 음악문화적 사고 형성에 미치는 영향. 음악과민족 37, 467-492.

조대현(2010). 학교음악교육에서의 긍정적 현상학적 장 형성과 이를 위한 전제조건. 음악과민족 39, 281-314.

조용진 · 배재영, 동양화란 어떤 그림인가(열화당, 2004)

한정희, 한국과 중국의 회화(학고재, 2001)

최정화, 14살, 그때 꿈이 나를 움직였다(다산북스, 2009)

롤란드 베인톤(이종태 옮김), 마틴 루터의 생애(생명의말씀사, 1982)

루이스 스피츠(서영일 옮김), 종교개혁사(기독교문서선교회, 1983)

루트 번슈타인(박종성 옮김), 생각의 탄생(에코의서재, 2007)

마르틴 브로샤트(김학이 옮김), 히틀러국가(문학과지성사, 2011)

모지스 핀리(박상익 옮김), 소크라테스, 역사에서 신화로, 윌리엄 랭어 엮음, 호메로스에서 돈키호테까지(푸른역사, 2001), pp. 45-68

빌프리드 그룬(조대현 옮김), 아이들은 음악이 필요합니다: 어린 아이들의 음악적 잠재력은 일찍부터 장려되고 발달되어야 합니다.(DanSing, 2008)

슈테판 마르크스(신종훈 옮김), 나치즘, 열광과 도취의 심리학(책세상, 2009)

알베르 카뮈(이정서 옮김), 이방인(새움, 2014)

에릭 부스(강주헌 옮김), 일상, 그 매혹적인 예술(에코의 서재, 2009)

클로우드 다비드(정성진 옮김), 히틀러와 나치즘(탐구당, 1986)

H. D. F. 키토(김진경 옮김), 그리스문화사(탐구당, 1986)

패트릭 콜린스(이종인 옮김), 종교개혁(을유문화사, 2007)

플라톤, 소크라테스의 변명(청목서적, 1988)

스텀프 사무엘 (이광래 옮김), 서양철학사(종로서적, 1987)

Bamberger, J., The Mind Behind the musical Ear(Cambridge: Harvard Univ. Press, 1991)

Dülffer, Jost, Nazi Germany 1933-1945(London/New York, 1996)

Friedenthal, Richard, Luther. Sein Leben und seine Zeit(München/Zürich, 1983)

Goldhagen, Daniel Jonah, Hitler's Willing Executioners. Ordinary Germans and the Holocaust (New York, 1997)

Gordon, E. E., A Music Learning Theory for Newborn and Young Children, Chicago: GIA Publications, 1997.

Gruhn, W., Der Musikverstand - neurobiologische Grundlagen des musikalischen Denkens, Hörens und Lernens (Hildesheim: Olms, 1998)

Hendrix, Scott, Martin Luther: visionary reformer (New Haven/London, 2015)

Hildebrand, Klaus, Das Dritte Reich (München, 1991)

Metzger, W., Gesetze des Sehens. (Frankfurt a. M., 1975)

Piaget, J. & Inhelder, B., Memory and Intelligence. (London: Routledge & Kegan Paul, 1973)

Richter. C., Überlegungen zum anthropologischen Begriff der Verkörperung. Eine notwendige Ergänzung zum Konzept der didaktischen Interpretation von Musik. In: Schneider, R.(Hrsg.). Anthropologie der Musik und der Musikerziehung. Regensburg. 1987, 73-120.

Rogers, C., Clint-centered Therapy (Boston: Houghton Mifflin, 1951)

Zitelmann, Rainer, Hitler. Selbstverständnis eines Revolutionärs (Stuttgart, 1991)

EBS 다큐프라임 상상에 빠지다(2008)

EBS 다큐프라미 인간의 두 얼굴(2009)

꿈을 비추는 네 개의 거울

2018년 02월 26일 초판 인쇄
2018년 03월 01일 초판 발행

지은이 ▌조대현, 신종훈, 박성식

펴낸곳 ▌레인보우북스

주　소 ▌서울특별시 관악구 신림로 75 레인보우B/D

전　화 ▌02-2032-8800

팩　스 ▌02-871-0935

이메일 ▌min8728151@rainbowbook.co.kr

값 15,000원

ISBN 978-89-6206-415-5　93190